Kustantaja ja julkaisija: Konsensus Network
Toimittaja: Miika Leinonen, @celestal21
Kansitaide ja kuvitus @BitcoinUltras.
Kaaviot: Sanjay Mavinkurve
Taitto: Konsensus Network

Erityiskiitos Konsensus Networkin vapaaehtoisille avusta oikoluvussa ja sisällön kommentoinnissa!
Remu Karhulahti, @realkeksi

978-9916-723-89-0 Pehmeäkantinen
978-9916-723-90-6 e-Kirja

Konsensus Network ★ `https://konsensus.network`

BITCOININ VALOISA TULEVAISUUS

VIJAY BOYAPATI

SISÄLLYS

Addielle, Willille ja Viville, joiden puolesta uskon vakaasti, että Bitcoinin avulla saavutetaan parempi maailma.

HODL

ESIPUHE

Vuoden 2020 pandemia mullisti koko maailmantalouden ja sai aikaan 10 vuoden digitaalisen muutoksen muutamassa kuukaudessa. Puhtaasti digitaaliset palvelut yleistyivät räjähdysmäisesti ja monet perinteiset kivijalkapalvelut pysähtyivät niille sijoilleen. Miljoonat yritykset ja miljardit ihmiset joutuivat keskelle aikansa suurinta mullistusta.

Vuoden 2020 puolivälissä yrityksemme liiketoiminta rimpuili sopeutuakseen koronaviruksen jälkeisen maailman uusiin rajoitteisiin. Sen tuloksena oli virtaviivaistettu B2B-ohjelmistoyritys, jolla on puoli miljardia käteistä ja lisää käteistä luvassa. Välitön liiketoimintahaasteemme oli ratkaistu, mutta eloonjäämistämme uhkaava suurempi vaara häämötti kaukaisuudessa.

Yhdysvaltain hallituksen poliittinen ratkaisu pandemiaan oli rahavarannon, eli monetaarisen inflaatiotahdin kolminkertaistaminen. Toisin sanottuna, pääomakustannukset nousivat yli 20 prosenttia, kun taas tavanomaisen kassanhallintastrategian tuotto-odotuksemme oli 0 prosenttia. Tämä teki käteisvarannoistamme ja tulevista kassavirroistamme riippakiven. Vakaa, kannattava arvo-osake, joka kasvaa huomattavasti hitaammin kuin monetaarisen inflaation tahti, ei kelpaa arvon säilyttäjäksi. Se jopa uhkaa menettää sijoittajien tuen.

Tämä ongelma oli ollut olemassa jo pandemiaa edeltäneen vuosikymmenen ajan, joskin haaste ei ollut niin merkittävä. Vuodesta 2010 vuoteen 2019 monetaarinen inflaatio oli noin 7 prosenttia, ja sijoittajat painostivat hellittämättä toimitus- ja talousjohtajia kasvattamaan kassavirtojaan inflaatiotahtia suuremmiksi keinolla millä hyvänsä. Tämä tarkoitti usein velkaantumista ja kaiken vapaan kassavirran käyttämistä osakkeiden takaisinostoihin tai moninaisiin yritysostoihin yhdistelemällä velkaa ja omaa pääomaa, jotta liikevaihto ja odotetut tulot kasvaisivat tätä kynnysarvoa nopeammin. Yritysostot laimensivat yleensä osakkeenomistajien osuutta pitkällä aikavälillä, ja kun johtoryhmät kamppailivat ostokohteiden yritysintegraatioissa, ne eivät enää malttaneet keskittyä ydinliiketoimintaansa. Tämä lähestymistapa oli kuljettu loppuun, kun kaikki liiketoiminnot olivat niin velkaantuneita tai kun sopivia yritysostokohteita ei enää yksinkertaisesti ollut tarjolla.

Seitsemän prosentin vähimmäistuottovaatimus johti 99 prosentin kuolleisuusasteeseen 20 vuoden aikana sen jälkeen, kun yrityksemme listautui pörssiin, ja se ajoi yrityksen toisensa jälkeen kurottelemaan aina vain korkeammalle ja pidemmälle, heikentämällä tasettaan ylivelkaantumalla ja sekoittamaan tuloslaskelmansa useilla eri liiketoimintayksiköillä. Vähimmäistuottovaatimuksen kolminkertaistuessa vuoden 2020 toisella neljänneksellä meille kävi selväksi, ettemme enää voi taistella inflaation painolastin roikkuessa riippakivenämme. Tuhansien työntekijöiden miljoonien toimien vuosittain luomaa arvoa heikentäisi muutaman keskuspankkiirin päätös painaa lisää rahaa, mikäli jatkaisimme liiketoimintaa entiseen malliin. Tie orjuuteen tarkoittaa sitä, että teemme eksponentiaalisesti enemmän töitä eksponentiaalisesti heikkenevää valuuttaa saadaksemme.

Ratkaisu ongelmaamme saapui K-muotoisen elpymisen kaavussa. Pohjimmiltaan Wall Street elpyi nopeasti rahapoliittisten elvytystoimien ansiosta, kun taas Main Streetin – paikalliset taloudet, yritykset ja kuluttajat – heikkeneminen jatkui. Avain talouden elinvoimaisuuteen suuren monetaarisen inflaation aikana on suuri tase, jossa on varoja, joiden arvo nousee valuutan heikkenemistahtia nopeammin. Niinpä lähdimme etsimään oikeaa omaisuuslajien yhdistelmää taseeseemme käteisen ja valtion joukkovelkakirjalainojen sijasta. Tämän matkan aikana törmäsin bitcoiniin ja Vijay Boyapatin mainioon tutkimukseen aiheesta.

Bitcoinin valoisa tulevaisuus, joka julkaistiin ensimmäisen kerran maksuttomana pitkänä artikkelina, on älyllinen taidonnäyte, jonka matematiikan, tietojenkäsittelytieteen, taloustieteen, filosofian, valtiotieteen ja insinööritieteiden tuntija on kirjoittanut tyylikkäästi ja kaukokatseisesti. Maaliskuun 2020 jälkeen minulle oli selvää, että maailma tarvitsi uuden teknologiaan perustuvan rahan. Helmikuussa 2018, kun

Boyapati julkaisi ensimmäisen kerran artikkelinsa, tällainen oivallus vaati kuitenkin paljon enemmän terävänäköisyyttä, rohkeutta ja vakaumusta kuin nyt.

Selkeällä ja tiiviillä tavalla Boyapati esittelee rahan teorian, bitcoinin anatomian, syyt siihen, miksi se on parempi kuin sitä edeltänyt kultakanta ja sitä seurannut fiat-standardi, ja lupauksen, jonka bitcoin antaa ihmiskunnalle. Hän kuvaa polkuriippuvuutta ja äskettäin rahallistuneen omaisuuserän kehityskaarta maallikon ymmärtämin käsittein, ja hän käsittelee huolenaiheita, jotka yleisimmin nousevat esiin, kun vasta-alkajat ponnistelevat ymmärtääkseen tämän ensimmäisen digitaalisen rahaverkon olemusta ja merkitystä. "Bitcoinin valoisa tulevaisuus" kiehtoi minua heti sen ensikerran luettuani, ja suosittelin kaikkia yritykseni työntekijöitä ja johtajia lukemaan sen, kun perehdyimme bitcoiniin ja pohdimme järkevintä etenemistapaa. Tässä kirjassa Boyapati päivittää ja laajentaa merkityksellisin tavoin alkuperäisessä artikkelissaan esittämiään ajatuksia.

Vuoden 2020 kolmannella vuosineljänneksellä MicroStrategy päätti ottaa bitcoinin käyttöön ensisijaisena kassavarana, ja meistä tuli ensimmäinen pörssiyhtiö, joka siirtyi bitcoin-standardiin, ja lopulta ostimme bitcoinia miljardeilla dollareilla. Suosittelemme *Bitcoinin valoisaa tulevaisuutta* kaikille työntekijöillemme, osakkeenomistajillemme ja sidosryhmillemme, jotka haluavat ymmärtää bitcoinin perusteet ja lupaukset sekä digitaalisena kassavarantona että maailman ensimmäisenä digitaalisena rahaverkkona. Toivottavasti hyödytte tästä teoksesta yhtä paljon kuin me.

Michael J. Saylor
Hallituksen puheenjohtaja ja toimitusjohtaja
MicroStrategy
Miami Beach, Florida
27. maaliskuuta 2021

THE TI
Chancellor on brin
second bailout for

PROLOGI

PROMETHEUS

Bitcoinin salaperäinen synty vaikuttaa liian epätodennäköiseltä ollakseen totta. Kaikkia yksityiskohtia ei koskaan saada selville, mutta tiedämme tapahtumien edenneen jotakuinkin näin: 3. tammikuuta 2009 tuntematon henkilö tuntemattomassa paikassa painoi näppäintä tietokoneensa näppäimistöllä ja käynnisti yhden historian tärkeimmistä ohjelmista. Tietokone ryhtyi etsimään tiettyä tiivisteenä (digitaalinen vastine sanonnalle "kuin etsisi neulaa heinäsuovasta") tunnettua numerosarjaa, joka turvaisi ensimmäisen lohkon liiketoimien tilikirjassa, joka tunnetaan nykyisin nimellä lohkoketju. Muutamassa minuutissa tai tunnissa – kukaan ei tiedä tarkkaan, kuinka kauan aikaa kului – ensimmäinen tiiviste löytyi, jolloin ensimmäinen lohko oli valmis ja maailman ensimmäinen aidosti hajautettu digitaalinen valuutta sai alkunsa. Bitcoinin luoneen arvoituksellisen hahmon henkilöllisyyttä ei vieläkään tiedetä, emmekä luultavasti saa sitä koskaan tietääkään. Tunnemme hänet vain hänen käyttämästään salanimestä Satoshi Nakamoto.

Vajaa kaksi kuukautta aiemmin, 31. lokakuuta 2008, Nakamoto oli ilmoittanut bitcoinin teknisestä kuvauksesta Cryptography Mailing List -nimisellä sähköpostilistalla, jossa oli jäseninä koodeista ja koodien murtamisesta kiinnostuneita ihmisiä[1]. Monet listan jäsenistä kutsuivat itseään kyberpunkkareiksi ja olivat päättäneet muuttaa yhteiskuntaa ja vapauttaa yhteiskunnan valtiosta turvautumalla kryptografian tarjoamiin yksityisyyttä parantaviin työkaluihin. Nakamoton sähköpostiviesti oli hänen ensimmäisensä tälle sähköpostilistalle, eikä se saanut juurikaan kehuja ilmestyttyään. Sähköpostilistan jäsenet olivat pikemminkin epäileviä Nakamoton ehdotusta kohtaan. Jopa tässä ryhmässä, joka oli perehtynyt hyvin digitaalisten valuuttojen parissa tehtyihin läpimurtoihin ja niiden historiaan, vain harvat ymmärsivät Nakamoton sähköpostin merkitystä. Yksi poikkeus oli Hal Finney.

[1] http://bullishcaseforbitcoin.com/references/bitcoin-announcement

Hän oli lahjakas kryptograafikko ja tietojenkäsittelytieteilijä, joka oli omistanut suuren osan urastaan digitaalisen valuutan luomiselle ja joka tunsi hyvin siihen liittyvät hankaluudet. Finney kertoi myöhemmin bitcoinin julkistamisesta seuraavasti:

> Satoshi sai parhaimmillaankin epäileväisen vastaanoton ilmoittaessaan kryptografia-aiheisella sähköpostilistalla [bitcoinista]. Kryptograafikot ovat nähneet liian monta tietämättömien nörttien suurta suunnitelmaa. Heillä on taipumusta selkäydinreaktioon. [2]

Finney menehtyi 28. elokuuta vuonna 2014 ALS- eli motoneuronitaudin komplikaatioihin. Hän oli kuitenkin tehnyt lukuisia tärkeitä avauksia digitaalisen valuutan, erityisesti bitcoinin, kehittämiseen.

GORDIONIN SOLMU

Siitä lähtien, kun Timothy "Tim" May, Inteliltä eläköitynyt tutkija ja kryptopunkkariliikkeen[3] perustaja, oli esitellyt Kryptoanarkistisen manifestin[4] pienelle joukolle samanhenkisiä radikaaleja Piilaaksossa vuonna 1992, kryptopunkkarit olivat käsittäneet, että digitaalisen, valtiottoman rahan kehittäminen oli ratkaisevan tärkeää. May kirjoittaa manifestissaan:

> Tietokoneteknologia tarjoaa yksilöille ja ryhmille mahdollisuuden viestiä ja olla vuorovaikutuksessa toistensa kanssa täysin anonyymisti. Kaksi henkilöä voi viestiä, harjoittaa liiketoimintaa ja neuvotella sähköisiä sopimuksia tietämättä koskaan toisen todellista nimeä tai oikeudellista henkilöllisyyttä.[5]

---

[2] http://bullishcaseforbitcoin.com/references/finney-skepticism

[3] Suom. huom. Engl. *cypherpunk*, johdetaan sanasta *cypher* ja on nimitys kryptografian ja yksityisyyttä parantavien teknologioiden kannattajille väylänä yhteiskunnallisiin ja poliittisiin muutoksiin.

[4] Saatavilla: groups.csail.mit.edu/mac/classes/6.805/articles/crypto/cypherpunks/may-crypto-manifesto.html

[5] https://medium.com/brandin-kirjasto/kryptoanarkistinen-manifesti-fd703e96d044

Liiketoiminnan harjoittaminen ja kaupankäynti edellyttää kuitenkin rahaa. Raha on kehittyneen talousjärjestelmän tärkein hyödyke, koska se toimii kaiken kaupankäynnin ja säästämisen perustana. Kulta, ikivanhaja kauan arvostettu jalometalli, on palvellut tässä tehtävässä vuosituhansien ajan, mutta sen fyysisyys eli riippuvuus ajasta, paikasta ja etäisyyksistä oli sen akilleenkantapää, jonka vuoksi se oli aina alttiina keskittämiselle, takavarikoinnille ja valtion hyökkäyksille. Kullan asema maailmanlaajuisena rahana kumottiin lopulta 1900-luvulla, kun valtio otti rahan liikkeeseenlaskun ja hallinnan täysin omiin käsiinsä. Kryptopunkkarit toivoivat kehittävänsä digitaalisen valuutan, joka ei hetkahtaisi valtion pakkovallan edessä, sillä he halusivat mahdollistaa nimettömät maksut ja päästä eroon kullan haavoittuvuuksista.

Vuonna 1983 yhdysvaltalainen tietojenkäsittelytieteilijä David Chaum julkaisi eCash-nimisen digitaalisen rahajärjestelmän perusteet. Se oli ensimmäinen yritys luoda järjestelmä, joka suojelisi käyttäjiensä yksityisyyttä kryptografian avulla. Vuonna 1989 Chaum perusti DigiCash-nimiseni yrityksen keksintönsä kaupallistamiseksi, mutta se ei koskaan menestynyt taloudellisesti. Chaumin eCash oli aina sidoksissa sen luoneeseen ja sitä hallitsevaan yritykseen, joten se kärsi myös keskittämisongelmasta: minkä tahansa keskitetyn tahon olemassaolo rahan liikkeeseenlaskijana sai aikaan järjestelmätason sisäsyntyisen haavoittuvuuden. eCash-järjestelmä ei menestynyt ja se lopetettiin, kun DigiCash ajautui konkurssiin vuonna 1998.[6] Sellaisen digitaalisen rahan luominen, joka ei nojaisi keskusvaltaan, oli keskeinen haaste, joka veti puoleensa joitakin 1990-luvun lahjakkaimmista kryptograafikoista ja kyberpunkkareista.

Keskeinen ratkaistava ongelma oli edelleen vailla vastausta, vaikka Adam Backin, Nick Szabon ja Wei Dain kaltaiset kryptopunkkarit edistivätkin merkittävästi digitaalisen rahan kehittämistä viime vuosituhannen viimeisen vuosikymmenen kuluessa. Kyse oli lopulta siitä, miten

[6] Suom. huom. – Suomen markkaan perustuva eCash ehti olla kaupallisessa käytössä EUnet Finlandin tarjoamana ja Merita-pankin (myöhemmin Nordea) tukemana maaliskuusta 1996 lähtien, kunnes DigiCash lopetettiin. Aiheesta lisää: netlab.tkk.fi/opetus/s38116/1997/esitelmat/42125c/, waste.informatik.huberlin.de/g rassmuck/Texts/ecash.e.html

digitaalinen niukkuus voidaan saavuttaa ja miten sitä voidaan ylläpitää, jos ja kun sitä ei valvo yksikään keskusvalta? Jo 1500-luvulla esiitävaltalaisen taloustieteen perinteeseen kuuluneen Salamancan koulukunnan[7] piirissä tunnustettiin, että rahan arvo perustuu sen niukkuuteen. Digitaalisessa maailmassa, jossa dataa voidaan kopioida ja siirtää hyvinkin edullisesti, niukkuus oli kuitenkin tähän asti ollut mahdollista toteuttaa vain valtiovallan turvin, kuten tekijänoikeuksien ja muiden immateriaalioikeuksien suojan tapauksessa oli käynyt.

Brittiläisen Adam Backin vuonna 1997 esittämä HashCash-järjestelmä toi mukanaan keskeisen käsitteen, joka oli välttämätön toimivan ja luotettavan digitaalisen niukkuuden luomiseksi: proof-of-work eli työntodiste. Alun perin Back ehdotti järjestelmää, jossa tietokone etsii tiivistearvoa, jonka voisi löytää vain tyhjentävällä etsinnällä. Se vaatii energiapanoksia ja maksaa siten rahaa ja sen tarkoituksena oli alun perin vähentää roskapostin aiheuttamaa aina vain pahenevaa ongelmaa. Syntynyt tiiviste olisi mahdollista todentaa nopeasti ja edullisesti aidoksi ja käyttää mittarina siitä, kuinka paljon energiaa oli kulutettu ja kuinka paljon sen tuottaminen suurin piirtein maksoi. Tiiviste on pohjimmiltaan kryptografinen todiste työnteosta. Backin suunnitelmassa sähköpostin lähettäjien olisi liitettävä jokaiseen lähettämäänsä sähköpostiviestiin yksilöllinen tiivistetunniste todisteeksi siitä, että sen tuottamisesta oli aiheutunut vähäisiä kustannuksia, esimerkiksi sentin sadasosia. Kustannukset eivät vaikuttaisi tavanomaiseen sähköpostiliikenteeseen, mutta tekisivät roskapostitulvan lähettämisestä kustannusmielessä todella kallista ja ehkä jopa mahdotonta. Valitettavasti HashCash ei menestynyt kaupallisesti, ja siitä puuttuivat olennaiset seikat, joiden ansiosta se olisi voinut toimia rahana. Työntodiste osoittautuisi kuitenkin ratkaisevan tärkeäksi, sillä sen avulla epäluotettavat osapuolet kykenevät koordinoimaan hajautetussa järjestelmässä.

[7] Suom. huom. – Taloustieteen varhaisesta aatehistoriasta ja filosofiasta on suomeksi tarjolla hyvin heikosti hyvää kirjallisuutta, joten Salamancan koulukunnan – tai oikeastaan espanjalaisten skolastikkojen – talousajattelusta kiinnostuneen on syytä tutustua esimerkiksi seuraaviin luotettavina pitämiini lähteisiin: https://mises.org/library/austrian-perspective-history-economic-thought, https://mises.org/library/school-salamanca, https://www.amazon.com/Salamanca-School-Conservative-Libertarian-Thinkers/dp/1441177795

Vuonna 1998 yhdysvaltainen tietokoneinsinööri Wei Dai ehdotti b-money-nimellä kutsuttua järjestelmää, joka korjasi Chaumin esittämän eCashin kriittisen puutteen eli rahavallan keskittymisen ongelman. Sen sijaan, että keskusvallan olisi ylläpidettävä rajoitettua rahan määrää vain luottamukseen pohjautuen, Dai suunnitteli hajautetun järjestelmän, jossa verkon osallistujat ylläpitäisivät kukin erikseen ja toisistaan riippumatta tilikirjaa siitä, kuinka paljon rahaa kullakin osallistujalla on kulloinkin hallussaan, jotta valtiolliset pakkokeinot ketä tahansa yksittäistä käyttäjää vastaan olisivat tehottomia tämän järjestelmän puitteissa. Dain ehdotus oli kuitenkin epäkäytännöllinen, koska siinä oletettiin, että viestintäkanavat olisivat lähes välittömiä, kytkettyinä ja häiriöttömiä. Dain visioimaa järjestelmää ei koskaan kokeiltu käytännössä.

Samana vuonna, kun Dai ehdotti b-money-järjestelmää, amerikkalainen visionääri Nick Szabo suunnitteli toisen digitaalisen rahajärjestelmän, bit gold -nimellä kutsutun vision rahasta. Bit goldia ei koskaan kuitenkaan toteutettu niin kuin ei Dain b-money-järjestelmääkään. Szabon ehdottama järjestelmä oli kuitenkin ratkaiseva edistysaskel, koska siinä ei käsitelty niukkuuden ongelmaa fyysisen aineen puutteena vaan ominaisuutena, jonka tuottaminen on todistettavasti kallista. Hän kutsui tätä ominaisuutta nimellä "väärentämättömän kallista." Szabon bit gold -suunnitelma perustui siihen, että Szabo ymmärsi Backin ehdottaman työntodisteen merkityksen, ja sen avulla järjestelmän käyttäjät kykenisivät luomaan poletteja antamalla tiivistetiedon, jonka väärentämätön kalleus rajoittaisi rahan määrän kasvua. Tällaisten polettien omistusta seurattaisiin moniin tietokoneisiin jaetun rekisterijärjestelmän avulla, jota kutsutaan omaisuuskerhoksi ja joka muistuttaisi hieman Dain ehdottamaa b-money'a, mutta eroaisi siitä toiminnallisilta yksityiskohdiltaan.

Vaikka Szabon ehdotus oli kutkuttavan lähellä ratkaista hajautetun rahan haasteen, siinä oli joitakin merkittäviä puutteita. Ensinnäkin tietokoneiden prosessointitehon jatkuvasti parantuessa joskus menneisyydessä tuotetut laskutoimitukset ja niiden tulokset, tiivisteet, olisi helpompi tuottaa tämän päivän laitteilla, mikä tarkoittaisi sitä, että eri ajankohtina tuotetut tiivisteet eivät olisi samanarvoisia, mikä rikkoisi rahan tärkeän ominaisuuden, fungibiliteetin eli korvattavuuden. Näin ollen bit gold loisi digitaalisen hyödykkeen, joka muistuttaisi enemmän timantteja – jotka ovat muodoltaan ja laadultaan epätasaisia, ja joita ei ole helppo vaihtaa päittäin – kuin kultaa. Toiseksi, omistajuusrekisteri olisi alttiina Sybil-hyökkäyksille, jotka voisivat horjuttaa järjestelmää luomalla lukuisia valheellisia omistuskerhon jäseniä, jotka voisivat sitten ilmoittaa vääriä rahasaldoja ja näin hyökkääjälle voisi pahimmassa tapauksessa päätyä oikeudettomasti rahaa. Szabon ratkaisut näihin haasteisiin olivat monimutkaisia, ja bit gold jäi lopulta vain ajatuksen tasolle.

2000-luvulle tultaessa kryptopunkkaripiireissä levisi toivottomuus saada aikaan riittävän hyvä hajautettu digitaalinen rahajärjestelmä. Hal Finney, joka oli seurannut tarkasti kaikkia yrityksiä luoda valtioton rahan muoto, yritti herättää unelman henkiin vuonna 2004, kun hän esitteli RPOW-nimisen (Reusable Proofs of Work) järjestelmän, joka oli riisuttu versio Szabon bit goldista. Toisin kuin Szabo tai Dai, Finney toteutti järjestelmään toimivan prototyypin, mutta RPOW kärsi samankaltaisesta ongelmasta kuin Chaumin aiemmin elättelemä eCashin ajatus, koska RPOW oli riippuvainen keskusvallasta. Finney yritti korjata keskittämisongelman korvaamalla keskusvallan manipuloimattomalla laitteistokoneella, joka pystyisi etäyhteyden avulla todistamaan järjestelmän käyttäjien todelliset saldotiedot. Laitteisto olisi luotettavampi kuin yksityinen yritys, mutta se voitaisiin edelleen sammuttaa helposti.

Vuoteen 2008 mennessä, kun maailma syöksyi useamman sukupolven aikana koetuista talouskriiseistä pahimpaan, useimmat kryptografia-aiheisen postituslistan jäsenistä olivat todenneet, että hajautetun digitaalisen valuutan luominen olisi todennäköisesti mahdotonta. Kun Satoshi Nakamoto ilmoitti itsevarmasti ratkaisseensa hajautetun rahan ongelmat, vain harvat postituslistan jäsenistä suhtautuivat häneen vakavissaan.

LÄPIMURTO

Muutama viikko bitcoinin julkistamisen jälkeen Hal Finney jo kyseli uteliaana Satoshi Nakamotolta hänen uudesta keksinnöstään. Finney oli nopeasti huomannut bitcoinin hienoudet ja Nakamoton nerokkaan mielikuvituksellisen harppauksen, kun hän oli luonut uudenlaisen digitaalisen rahan vailla ensimmäistäkään keskitettyä toimijaa. Bitcoinin yksittäisissä osatekijöissä ei sinänsä ollut mitään uutta, eikä mikään siinä ollut kryptografisesti uutta, mutta Nakamoto oli järjestellyt palaset yhteen niin, että taloudelliset kannustimet ja kryptografian luomat takeet olivat täydellisessä tasapainossa.

Osana suunnitelmaansa Nakamoto oli ratkaissut tietojenkäsittelytieteen perusongelman, joka oli ensimmäistä kertaa hahmotellut ja formalisoinut yhdysvaltalainen tietojenkäsittelytieteilijä Robert Shostak 1970-luvun lopulla. Hän kutsui ongelmaa iteratiivisen konsistenssin ongelmaksi, mutta se tunnetaan paremmin bysanttilaisen kenraalin ongelmana. Kysymys on siitä, miten eri osapuolet, jotka eivät luota toisiinsa ja jotka saattavat olla jopa vihamielisiä toisiaan kohtaan, kykenevät koordinoimaan toimintaansa yhteisen tavoitteen saavuttamiseksi ilman, että kukaan heistä luottaa keskinäiseen jaettuun välikäteen? Nick Szabo kirjoitti vuonna 2011:

> Nakamoto korjasi merkittävän turvallisuuspuutteen, joka minun suunnittelemassani [bit goldissa] oli. Hän esitti, että työntodisteen on oltava solmu bysanttilaiset virheet sietävässä vertaisverkossa, jotta uhka siitä, että epäluotettava osapuoli hallitsee enemmistöä solmuista ja siten turmelee useita tärkeitä turvallisuusominaisuuksia, vähenee. Tämä oli jälleen yksi ominaisuus, joka on ilmeinen vain jälkikäteen tarkasteltuna, mutta ei aivan ilmeinen ennalta asiaa tarkasteltaessa.[8]

[8] http://bullishcaseforbitcoin.com/references/szabo-bit-gold

Kyseessä oli merkittävä tekninen läpimurto, ja vaikka se ei 31. lokakuuta 2008 ollutkaan heti ilmeistä kryptografian harrastelijoiden postituslistan jäsenistölle, Satoshi Nakamoton keksintö muuttaisi lopulta maailman.

LUKU 1

LUOMISKERTOMUS JA RAHAN SYNTY

Bitcoinin markkina-arvo on ylittänyt biljoonan dollarin rajan, joten sijoittajien kannalta bitcoinin tulevaisuus saattaa vaikuttaa niin valoisalta, ettei sitä tarvitse erikseen perustella. Vaihtoehtoisesti voi tuntua typerältä sijoittaa digitaaliseen omaisuusluokkaan, jonka takeena ei ole mitään hyödykettä tai valtiovaltaa ja jonka hinnannousu on saanut jotkut vertaamaan sitä Alankomaiden 1600-luvun tulppaanimaniaan tai vuosituhannen vaihteen IT-kuplaan. Kumpikaan ei pidä paikkaansa, sillä bitcoinin tulevaisuus näyttää vastustamattoman valoisalta. Se on kuitenkin kaikkea muuta kuin itsestäänselvyys. Bitcoiniin sijoittamiseen liittyy huomattavia riskejä, mutta kuten esitän, siihen sijoittamiseen liittyy myös valtavia mahdollisuuksia.

LUOMISKERTOMUS

Koko maailman historian aikana ei ole ollut mahdollista siirtää arvoa kaukana toisistaan sijaitsevien osapuolten välillä turvautumatta luotettavaan välikäteen, kuten pankkiin tai valtioon. Vuonna 2008 Satoshi Nakamoto, jonka henkilöllisyyttä kukaan ei ole vieläkään selvittänyt, julkaisi yhdeksänsivuisen ratkaisun tietojenkäsittelytieteen piirissä kauan aikaa pohdittuun bysanttilaisen kenraalin ongelmaan.[9] Nakamoton ratkaisu ja sen pohjalta rakentama järjestelmä – bitcoin – mahdollistivat ensimmäisen kerran ihmiskunnan historiassa arvon nopean siirtämisen hyvin pitkien välimatkojen halki luottamuksen minimoivalla tavalla. Bitcoinin luomisen – tai keksimisen[10] – seuraukset ovat niin syvällisiä sekä taloustieteen että tietojenkäsittelytieteen kannalta, että Nakamoto pitäisi itseoikeutetusti palkita Nobelin talous-

[9] https://bitcoin.org/files/bitcoin-paper/bitcoin_fi.pdf

[10] Suom. huom. – Eräs parhaista ei-teknisistä Bitcoinin toiminnallisista ja teknisistä yksityiskohdista on Yan Pritzkerin kirja: https://konsensus.network/product/bitcoinia-keksimassa/

Bitcoinin inflaatiokaavio: kierrossa olevien bitcoinien lukumäärän kasvu ja bitcoinin lopullinen tarjonta

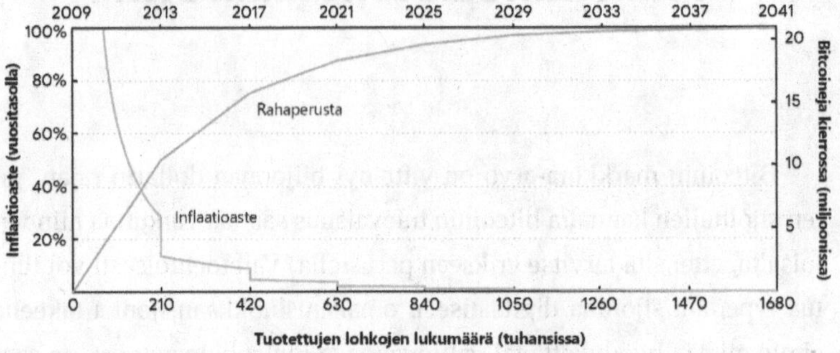

tieteen palkinnolla *ja* Turing-palkinnolla. Vain Herbert A. Simon, on ennen Nakamotoa palkittu molemmilla kunnianosoituksilla.

Sijoittajan kannalta bitcoinin keksimisessä on keskeistä uuden niukan digitaalisen hyödykkeen – bitcoinien – synty. Bitcoinit ovat siirrettäviä digitaalisia poletteja[11], jotka luodaan bitcoin-verkossa louhintana tunnetun prosessin sivutuotteena. Bitcoin-louhinta muistuttaa monella tavoin kullan louhintaa, paitsi että bitcoin-louhinta eli uusien bitcoinien tuotanto noudattaa kiinteää, ennustettavaa aikataulua. Suunnitelman mukaan louhinnan lopputuloksena kiertoon vapautuu vain 21 miljoonaa bitcoinia koskaan, ja suurin osa niistä on jo louhittu. Bitcoinia on kierrossa kirjaa suomennettaessa hieman yli 19 miljoonaa yksikköä, joten hieman yli 1,9 miljoonaa yksikköä on vielä louhittavana. Tämä tarkoittaa sitä, että kaikesta koskaan olemassa olevasta bitcoinista on kierrossa noin 90,9 prosenttia. Joka neljäs vuosi louhimalla tuotettujen bitcoinien määrä puoliintuu, ja uusien bitcoinien tuotanto päättyy kokonaan noin vuoteen 2140 mennessä.

Bitcoinin takeena ei ole mitään fyysistä hyödykettä, valtiota tai yritystä, mikä herättää vasta-alkavan bitcoin-sijoittajan mielessä kysymyksen: Miksi bitcoinilla on ylipäätään mitään arvoa? Toisin kuin osakkeiden, korkojen, kiinteistöjen tai jopa hyödykkeiden, kuten öljyn

[11] Suom. huom. – Englannin kielen sanalle token ei ole vakiintunutta suomennosta. Suomenkielisessä kirjallisuudessa viitataan tokeneihin, poletteihin ja rahakkeisiin. Kaikki variaatiot viittaavat pohjimmiltaan yhteen ja samaan asiaan.

tai vehnän, tapauksessa, bitcoinin arvonmääritystä ei voi tehdä perinteisellä kassavirtamallilla tai bitcoiniin ylemmän tason hyödykkeiden tuotannosta johtuvan kysynnän perusteella. Bitcoinit kuuluvat aivan erilaisten hyödykkeiden luokkaan, joita kutsutaan rahahyödykkeiksi ja niiden arvo määräytyy peliteoreettisesti. Toisin sanoen, kukin markkinaosapuoli arvostaa hyödykkeen sen perusteella, miten paljon, jos lainkaan, muut osallistujat arvostavat sitä. Rahahyödykkeiden peliteoreettisen luonteen ymmärtämiseksi on tarkasteltava rahan syntyä.

RAHAN SYNTY

Varhaisimmissa ihmisyhteisöissä eri ryhmien välinen kaupankäynti oli suoraa vaihdantaa eli vaihtokauppaa. Vaihtokauppaa piinaava tehottomuus rajoitti huomattavasti kaupan laajuutta ja maantieteellistä ulottuvuutta eli vaihdanta jäi näissä olosuhteissa varsin rajalliseksi. Vaihtokauppaan perustuvan talouden suurimpana haittana on tarpeiden samanaikaisen kohtaannon ongelma eli tarvittiin aina kaksi osapuolta (ostaja ja myyjä), jotka halusivat vaihtaa tiettyjä hyödykkeitä tietyssä nimenomaisessa suhteessa vaihdon suorittamiseksi. Omenatarhuri voi haluta käydä kauppaa kalastajan kanssa, mutta jos kalastaja ei halua omenoita nimenomaisella hetkellä, kauppa saattaa jäädä tekemättä. Ajan myötä ihmisille on muodostunut halu pitää hallussaan tiettyjä keräilyesineitä niiden harvinaisuuden ja symboliarvon vuoksi (esimerkiksi simpukankuoria, eläinten hampaita ja piikiveä). Itse asiassa, kuten Nick Szabo esittää loistavassa esseessään rahan synnystä, ihmisen halu hankkia ja pitää hallussaan keräilyesineitä antoi nykyihmisen esi-isille selvän evolutiivisen etulyöntiaseman lähimpiin biologisiin kilpakumppaneihin, neandertalinihmisiin, verrattuna. Szabo kirjoittaa, että "keräilyesineiden ensisijainen ja perimmäinen evolutiivinen tehtävä oli varallisuuden säilyttäminen ja siirtäminen."[12]

Keräilyesineet olivat eräänlaista "esirahaa", sillä niiden avulla oli mahdollista tehdä kauppaa muutoin vihamielisten heimojen välillä ja siirtää varallisuutta sukupolvelta toiselle. Keräilyesineiden kauppa ja

---

[12] http://bullishcaseforbitcoin.com/references/shelling-out

siirtäminen olivat melko harvinaisia paleoliittisissa yhteiskunnissa, ja nämä hyödykkeet toimivat pikemminkin arvon säilyttäjinä kuin varsinaisina modernin rahan kaltaisina vaihdon välineinä. Szabo selostaa:

> Moderniin rahaan verrattuna alkukantaisen rahan kiertonopeus oli hyvin matala, jonka vuoksi sitä saatettiin siirtää vain joitakin kertoja keskivertoihmisen elinajan kuluessa. Kestävä keräilyesine, jota nykyään kutsuisimme perintökalleudeksi, saattoi kuitenkin säilyä useiden sukupolvien ajan, ja sen arvo kasvoi merkittävästi jokaisen siirron myötä – ja tämän myötä [arvon] siirtämisestä tuli ylipäätään mahdollista.

Varhaisihminen kohtasi merkityksellisen peliteoreettisen dilemman päättäessään, mitä keräilyesineitä kannattaisi keräillä tai luoda: Mitä esineitä muut ihmiset haluaisivat ja pitäisivät arvokkaina? Ennakoimalla oikein arvostelukykynsä puitteissa, mitkä esineet olisivat keräilyarvoltaan merkityksellisimpiä, näiden esineiden haltijat nauttivat valtavista eduista mahdollisuudesta käydä kauppaa ja hankkia varallisuutta. Osa Pohjois-Amerikan alkuperäiskansoista, kuten narragansettit, erikoistuivat muuten hyödyttömien keräilyesineiden valmistukseen pelkästään niiden kaupallisen arvon vuoksi. Lienee syytä huomata seuraava seikka: mitä aikaisemmin keräilyhyödykkeen tulevan kysynnän osasi ennakoida, sitä suuremman edun sen varhainen haltija sai. Hyvin ennakoitu keräilyhyödyke oli mahdollista hankkia edullisemmin ja pienemmällä vaivalla kuin silloin, kun sen kysyntä oli suurta. Lisäksi sen kauppa-arvo nousee sitä mukaa, kun sitä haluavan väestön määrä kasvaa. Hyödykkeen hankkiminen siinä toivossa, että sillä halutaan tulevaisuudessa täyttää arvon säilyttäjän tehtävä, nopeuttaa sen käyttöönottoa juuri tähän nimenomaiseen tarkoitukseen. Tämä näennäinen kiertokulku on itse asiassa palautesilmukka, joka saa yhteiskunnat lähentymään nopeasti kohti yhtä ainoaa arvon säilyttäjää. Peliteoreettisesti tämä tilanne tunnetaan Nash-tasapainona.[13]

---

[13] http://bullishcaseforbitcoin.com/references/nash-equilibrium

Nash-tasapainon saavuttaminen arvon säilyttäjän tapauksessa on suuri helpotus mille tahansa yhteiskunnalle, sillä se helpottaa huomattavasti kauppaa ja työnjakoa, tasoittaen tietä sivilisaation kehittymiselle.

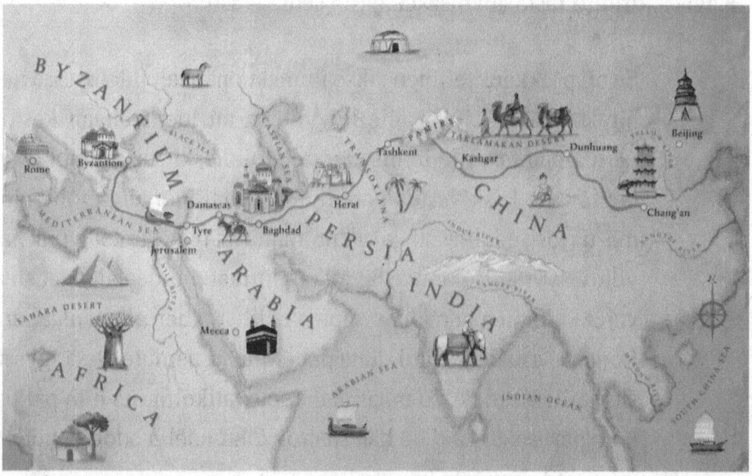

Silkkitie

Vuosituhansien kuluessa, kun ihmisyhteisöt kasvoivat ja kauppareitit kehittyivät, yksittäisissä yhteiskunnissa syntyneet arvon säilyttäjät ajautuivat kilpailuun keskenään. Kauppiaat ja liikemiehet joutuivat valitsemaan, säilyttävätkö he kaupoista saamansa tuotot oman yhteiskuntansa arvon säilyttäjässä, kauppakumppanin arvon säilyttäjässä vai jossain suhteessa molemmissa. Ulkomaisessa arvon säilyttäjässä pitäytymisen etuna oli paremmat kaupankäyntimahdollisuudet kyseisessä vieraassa yhteiskunnassa. Kauppiailla, joilla oli säästöjä ulkomaisessa arvon säilyttäjässä, oli myös kannustin edesauttaa sen käyttöönottoa omiensa piirissä ja kotiyhteiskunnissaan, koska tämä lisäisi heidän säästöjensä ostovoimaa.

Maahantuodusta arvon säilyttäjästä hyötyivät paitsi sitä maahantuoneet kauppiaat, mutta myös laajemmin heidän koko yhteiskuntansa. Kahden yhteiskunnan lähentyminen yhteen ainoaan arvon säilyttäjään vähentäisi huomattavasti keskinäisen kaupankäynnin kustannuksia ja lisäisi samalla kaupankäynnistä saatavaa vaurautta. Itse asiassa 1800-

luvulla suurin osa maailmasta lähentyi ensimmäistä kertaa yhtä ainoaa arvon säilyttäjää eli kultaa kohti. Näinä aikoina kansainvälinen kauppa kasvoi maailmanhistoriallisesti uskomattomiin mittaluokkiin. Lordi Keynes kirjoitti tästä auvoisasta ajasta seuraavasti:

> Se oli poikkeuksellinen jakso ihmiskunnan taloudellisessa kehityksessä – – jokaiselle kyvyiltään tai luonteeltaan keskivertoa paremmalle ihmiselle, jolla oli keski- tai yläluokkaan kuuluvalle keskivertoa parempi kyky tai luonne ja jolle elämä tarjosi edullisesti ja vähimmällä vaivalla mukavuuksia, viihtyisyyttä ja elämyksiä, jotka ylittivät muiden aikakausien varakkaimpien ja mahtavimpien hallitsijoiden elämänlaadun. Lontoon asukas saattoi tilata puhelimitse, aamuteetä sängyssä siemaillessaan, koko maailman tuotevalikoimasta niin paljon kuin parhaaksi näki, ja hän saattoi kohtuudella odottaa niiden pikaista toimitusta kotiovelleen. [14]

[14] http://bullishcaseforbitcoin.com/references/lord-keynes-quote

LUKU 2

HYVÄN ARVON SÄILYTTÄJÄN OMINAISUUDET

Arvon säilyttäjien kilpaillessa keskenään tietyt arvon säilyttäjän ominaisuudet määrittävät, mitkä niistä todennäköisimmin onnistuvat ajamaan kilpailijat ulos markkinoilta rajahyötyjen ja -kustannusten valossa. Ajan mittaan paremman arvon säilyttäjän kysyntä kasvaa. Historiallisesti tarkasteltuna monia hyödykkeitä on käytetty arvon säilyttäjinä, ja aika on osoittanut, että ihanteellinen arvon säilyttäjä kilpailee erinomaisuudellaan seuraavilla tavoilla:

- **Kestävyys**: Hyödyke ei saa olla pilaantuva tai helposti tuhoutuva. Näin ollen vehnä ei ole ihanteellinen arvon säilyttäjä.

- **Siirrettävyys**: Hyödykkeen on oltava helposti kuljetettavissa ja säilytettävissä, jolloin se on paremmin turvassa sekä onnettomuuksilta että varkailta. Kannettavuus myös helpottaa vaihdantaa pitkillä välimatkoilla. Lehmä ei ole siis yhtä ihanteellinen arvon säilyttäjä kuin helposti siirrettävä kultakoru.

- **Korvattavuus (fungibiliteetti)**[15]: Hyödykkeen yhden ilmentymän on oltava vaihdettavissa keskenään toiseen samankaltaiseen samassa suhteessa. Ilman korvattavuutta tarpeiden samanaikaisen kohtaannon ongelma jää ratkaisematta. Näin ollen kulta on timantteja parempaa rahaa, koska timantit ovat muodoltaan ja laadultaan epätasaisia.

- **Todennettavuus**: Hyödykkeen on oltava helposti ja nopeasti tunnistettavissa ja todistettavissa aidoksi. Helppo todennettavuus li-

[15] Suom. huom. – Paljous- eli lajiesineet (lat. res fungibliles) ovat sellaisia hyödykkeitä, joita ostetaan, myydään, vaihdetaan ja säilytetään määritellyn samankaltaisen lajin ja paljouden mukaan (vs. erityisesine sopimuksenvaraisena nimenomaisena yksilöitynä esineenä). Tällaisten esineiden laatu ei vaihtele, joten ne ovat lähtökohtaisesti "sekoitettavissa" keskenään, koska sitä ei ole yksilöity. Fungibiliteetilla eli lajiesinemäisyydellä puolestaan viitataan esineen ominaisuuteen, jonka ansiosta se on keskenään täysin vaihdettavissa toiseen samanlaiseen esineeseen yksilöimättä tiettyä ostettavaa, myytävää, vaihdettavaa tai säilytettävää esinettä. Esimerkiksi vilja, nesteet ja raha ovat lajiesinemäisiä hyödykkeitä. Ks. http://runeberg.org/pieni/3/0337.html

sää hyödykkeen vastaanottajan luottamusta vaihtoon, jolloin on todennäköisempää, että vaihto tapahtuu.

- **Jaettavuus**: Hyödykkeen on oltava helposti jaettavissa pienempiin osiin ja yhdistettävissä suuremmiksi osiksi. Tämä ominaisuus ei ollut kovin tärkeä muinaisissa yhteiskunnissa, joissa kauppaa käytiin harvoin, mutta sen merkitys kasvoi kaupan kasvun myötä, kun vaihdettavat määrät pienenivät ja tarkentuivat.
- **Niukkuus**: Nick Szabon mukaan rahahyödykkeen on oltava *väärentämättömän kallista*. Toisin sanoen hyödykettä ei saa olla lähes rajattomasti tarjolla eikä sitä pitäisi olla helppo hankkia tai tuottaa määrällisesti. Niukkuus on kenties tärkein arvon säilyttäjän ominaisuus, sillä se perustuu ihmisluonnon ominaisuuteen keräillä sellaisia esineitä, jotka ovat harvinaisia. Niukkuus on arvon säilyttäjän perimmäisen arvon lähde.
- **Vakiintunut historia**: Mitä pidempään yhteiskunta pitää hyödykettä arvokkaana, sitä houkuttelevampi se on arvon säilyttäjänä. Pitkäaikaista arvon säilyttäjää on vaikea syrjäyttää uudella tulokkaalla, paitsi väkivalloin tai jos tulokkaalla on merkittävä etu muiden edellä mainittujen ominaisuuksien suhteen.
- **Sensuurinkestävyys**: Uusi ominaisuus, josta on tullut yhä tärkeämpi nykyajan digitaalisessa yhteiskunnassa, jossa valvonta on kaikkialla. Sensuurinkestävyydellä viitataan siihen, kuinka vaikeaa ulkopuolisen toimijan, kuten valtion tai yrityksen, on estää hyödykkeen omistajaa säilyttämästä ja käyttämästä sitä. Sensuurinkestävät hyödykkeet ovat ihanteellisia sellaisissa olosuhteissa, joissa pääoman liikkeitä valvotaan tai erilaisia rauhanomaisen kaupankäynnin muotoja on kielletty.

Alla olevassa taulukossa vertaillaan keskenään bitcoinia, kultaa ja fiat-rahaa (kuten euro) edellä lueteltujen ominaisuuksien suhteen. Lisäksi pyrin selittämään tarkemmin arvosanojen jakaumaa.

	Bitcoin	Kulta	Fiat
Kestävyys	B	A+	C
Siirrettävyys	A+	D	B
Korvattavuus	B	A	B
Todennettavuus	A+	B	B
Jaettavuus	A+	C	B
Niukkuus	A+	A	F
Vakiintunut historia	D	A+	C
Sensuurinkestävyys	A	C	D

KESTÄVYYS

Kulta on kestävyyden kiistaton kuningas. Suurin osa koskaan louhitusta tai sulatetusta kullasta, mukaan lukien jo muinaisten Egyptin faaraoiden kulta, on edelleen olemassa muodossa tai toisessa ja tulee todennäköisesti olemaan vielä tuhansienkin vuosien kuluttua. Antiikin aikana rahana käytetyt kultakolikot ovat säilyttäneet merkittävän osan arvostaan. Fiat-valuutat ja bitcoinit ovat pohjimmiltaan digitaalisia tallenteita, jotka voivat olla fyysisessä muodossa (kuten paperisina seteleinä tai metallikolikoina). Näin ollen kestävyys ei ole ominaisuus, jota tulisi tarkastella nimenomaisesti fyysisen kestävyyden näkökulmasta (koska osittain puhkikulutettu setelikin voidaan vaihtaa uuteen), vaan pikemminkin niitä liikkeeseen laskevien institutionaalisten toimijoiden kestävyydestä. Fiat-valuuttojen tapauksessa monet hallitukset ovat vuosisatojen aikana tulleet ja menneet, ja niiden luomat valuutat ovat kadonneet historian havinaan. Weimarin tasavallan aikaisella Papiermarkilla (eli paperimarkalla), Rentenmarkilla ja Reichsmarkilla ei ole enää arvoa, koska niitä liikkeeseen laskenutta instituutiota ei ole enää olemassa. Jos historiasta voi mitään oppia, niin olisi typerää pitää luottamukseen perustuvia fiat-valuuttoja pitkällä aikavälillä kestävinä. Yhdysvaltain dollari ja Englannin punta ovat tässä mielessä suhteellisen poikkeuksellisia rahoja rahajärjestelmien epäonnistumisten historiassa. Bitcoineja, joita ei laske liikkeelle mikään keskusvalta, voidaan pitää kestävinä juuri niin kauan kuin niiden olemassaolon turvaava verkko säilyy. Bitcoin on vasta lapsenkengissä, joten on liian aikaista tehdä pitkälle meneviä johtopäätöksiä sen kestävyydestä. On kuitenkin olemassa rohkaisevia merkkejä ilmassa siitä, että bitcoin on sitä vastaan tehtyjen kansallisten sääntely-yritysten ja toistuvien hakkerointiyritysten jälkeenkin hengissä; bitcoin-verkko toimii, se tuottaa uuden lohkon noin kymmenen minuutin välein tauotta ja se on osoittanut huomattavan *antihauraita* piirteitä. [16]

SIIRRETTÄVYYS

Bitcoinit ovat kaikkein helpoiten siirrettävissä oleva arvon säilyttäjä ihmiskunnan historiassa. Satojen miljoonien eurojen arvoiset yksityiset avaimet voidaan tallentaa pienelle USB-tikulle ja siirtää helposti, minne päin maailmaa tahansa. Lisäksi yhtä suuria summia voidaan siirtää maapallon eri kolkkiin lähes välittömästi internetissä. Fiat-valuutat ovat pohjimmiltaan digitaalisia, joten myös ne ovat erittäin helposti siirrettävissä. Hallitusten sääntely ja pääomaliikkeiden valvonta johtavat kuitenkin siihen, että suurten summien siirtäminen kestää yleensä päiviä tai niitä ei ole lainkaan mahdollista toteuttaa. Ihmiset voivat turvautua käteiseen pääomavalvonnan välttämiseksi, mutta tällöin säilytysriski ja kuljetuskustannukset voivat nousta huomattaviksi. Kulta on fyysisessä, uskomattoman "arvotiheässä" muodossaan ylivoimaisesti heikoiten siirrettävissä. Ei ole ihme, että suurin osa kultaharkoista ei koskaan siirry paikasta toiseen. Ostajan ja myyjän välillä siirretään yleensä vain kullan omistusoikeuksia (paperikulta), ei itse fyysistä kultaharkkoa, mikä heikentää merkittävästi ostajan varmuutta kullan lopullisesta omistusoikeudesta. Fyysisen kullan kuljettaminen pitkien matkojen päähän on kallista, riskialtista ja vie paljon aikaa.[17]

[16] http://bullishcaseforbitcoin.com/references/anti-fragility; ks. https://www.terracognita.fi/tuote/antihauras/

[17] Suom. huom. – Saifedean Ammous käy kirjassaan Fiat-standardi: Ihmiskunta velkavankeudessa (2022) yksityiskohtaisesti läpi kultamarkkinoiden toimintaa ja sitä, miksi kullan fyysisyys on sen merkittävin ja vakavin puute rahajärjestelmän perustana.

KORVATTAVUUS

Kulta on fungibiliteetin eli korvattavuuden mittapuu. Sulatettuna kultaunssia ei voi periaatteessa erottaa millään tavoin vastaavasta kultaunssista. Kullalla onkin aina käyty kauppaa tällä tavoin. Fiat-valuutat ovat sitä vastoin vain siinä määrin vaihdettavissa kuin fiat-valuuttaa liikkeeseen laskevat instituutiot hyväksyvät niiden olevan. Seteleitä laillisena maksuvälineenä hyväksyvät kauppiaat tarkastelevat fiat-seteleitä yleensä keskenään yhteismitallisina, mutta on kuitenkin monia tapauksia, joissa suuren nimellisarvon seteleitä on kohdeltu eri tavalla kuin pieniä seteleitä (tai kauppiaat eivät ole hyväksyneet käteismaksuja laisinkaan). Esimerkiksi Intian hallitus demonetisoi 500 ja 1 000 rupian setelit kokonaan vuoden 2016 loppupuolella pyrkimyksenään kitkeä maassa rehottavaa harmaata taloutta. Demonetisointi sai aikaan sen, että 500 ja 1 000 rupian setelit vaihtoivat omistajaa nimellisarvoaan alemmalla hinnalla, jolloin ne eivät enää olleet aidosti korvattavissa pienempiin seteleihin. Bitcoinit ovat korvattavissa verkkotasolla, mikä tarkoittaa, että jokaista bitcoinia käsitellään bitcoin-verkossa samalla tavalla. Bitcoinit ovat kuitenkin jäljitettävissä julkisessa lohkoketjussa – joka on julkinen tietokanta kaikista bitcoin-verkossa koskaan tapahtuneista liiketoimista – tietty bitcoin voi olla (epä)suoraan "saastunut", jos sitä on esimerkiksi käytetty laittomuuksiin, ja yritykset voivat päättää olla hyväksymättä tällaisia "saastuneita" bitcoineja vaihdannassa. Bitcoinien ei voi sanoa olevan yhtä korvattavaa ja vaihtokelpoista kuin kulta, joten bitcoin-verkkoprotokollan yksityisyyttä ja nimettömyyttä on parannettava rutkasti.

TODENNETTAVUUS

Useimmissa tapauksissa sekä fiat-valuuttojen että kullan aitous on melko helppo tarkistaa. Kansallisvaltiot ja niiden asukkaat saattavat erehtyä käyttämään väärennettyjä seteleitä, vaikka seteleihin on vuosikymmenien saatossa tehty lukuisia niiden todennettavuutta parantavia ominaisuuksia väärennösten kierron estämiseksi. Kulta ei myöskään ole täysin väärentämätöntä. Ammattirikolliset ovat käyttäneet muun muassa kullattua volframia huijatakseen sijoittajia maksamaan väärennetystä kullasta sievoisia summia.[18] Bitcoinit voidaan sen sijaan todentaa omaehtoisesti matemaattisella varmuudella. Kryptografisten allekirjoitusten avulla bitcoinien omistaja voi halutessaan julkisesti todistaa omistavansa ne bitcoinit, jotka hän väittää omistavansa.

JAETTAVUUS

Yksittäiset bitcoinit voidaan jakaa sataan miljoonasosaan, jossa pienin yksikkö on satoshi eli 0,00000001 BTC, ja niitä voidaan siirtää äärimmäisen pieninä määrinä (verkon käyttömaksut saattavat kuitenkin tehdä pienten määrien siirrosta epätaloudellista, mutta ratkaisu tähän on Salamaverkko). Fiat-valuutat ovat myös tyypillisesti jaettavissa hyvin pieniksi osasiksi, joiden ostovoima on hyvin pieni, joten fiat-valuutat ovat käytännössä tarpeeksi hyvin käyttötarkoitukseensa nähden jaettavissa. Kulta on fyysisesti jaettavissa, mutta sitä on hankala käyttää hyvin pieninä määrinä arkisessa vaihdannassa.

NIUKKUUS

Bitcoinin erottaa fiat-valuutoista ja kullasta selkeimmin sen ennalta määrätty niukkuus. Bitcoineja voidaan koskaan luoda enintään 21 miljoonaa yksikköä. Tämän ansiosta bitcoinin haltijan on mahdollista tarkoin laskea, kuinka suuren prosenttiosuuden hän omistaa mahdollisesta lopullisesta kokonaistarjonnasta. Esimerkiksi 10 bitcoinin haltija tietäisi, että korkeintaan 2,1 miljoonaa ihmistä (alle 0,03 prosenttia maailman väestöstä) voisi koskaan omistaa yhtä monta bitcoinia kuin hänellä on hallussaan. Kulta on pysynyt historian saatossa melko niukkana, mutta se ei ole immuuni tarjonnan (yllättävälle) kasvulle. Jos uusi kullan louhinta- tai hankintamenetelmä muuttuu joskus taloudellisesti kannattavaksi, kullan tarjonta voisi kasvaa dramaattisesti (esimerkkei-

[18] http://bullishcaseforbitcoin.com/references/fake-gold

nä mainittakoon merenpohjassa[19] tai asteroideilla[20] tapahtuva kullan louhinta). Lopuksi on todettava, että vaikka fiat-valuutat ovatkin vasta suhteellisen tuore keksintö ihmiskunnan historiassa, niiden tarjonta on ollut jatkuvasti nousujohteista. Kansallisvaltiot ovat toistuvasti paisuttaneet rahan tarjontaa ratkaistakseen lyhyen aikavälin poliittisia ongelmia. Hallitukset turvautuvat ympäri maailmaa inflaatioon, minkä vuoksi fiat-valuutan haltijan rahasaldojen arvo hyvin suurella todennäköisyydellä laskee ajan kuluessa.

VAKIINTUNUT HISTORIA

Millään rahahyödykkeellä ei ole yhtä pitkää historiaa kuin kullalla, jota on pidetty arvossaan niin kauan kuin ihmiskunta on ollut olemassa. Antiikissa aikoinaan lyötyjen kultakolikoiden arvo on yhä nykyäänkin hyvin korkea.[21] Samaa ei voi sanoa fiat-valuutoista, jotka ovat puolestaan suhteellisen uusi poikkeama historian suuressa kaaressa. Fiat-valuutoilla on alusta alkaen ollut lähes universaali taipumus ajautua lopulta arvottomiksi ja historian romukoppaan. Inflaatio on salakavala keino (piilo)verottaa kansalaisia useimpien huomaamatta, jonka vuoksi vain harvat valtiot ovat kyenneet vastustamaan kiusausta turvautua inflaatioon. Viimeistään 1900-luku, kun fiat-rahoista tuli maailmanlaajuisen rahajärjestelmän peruskallio, on osoittanut sen taloudellisen tosiseikan, että todennäköisyys fiat-rahan arvon säilymiseen pitkällä tai edes keskipitkällä aikavälillä on hyvin matala. Lyhyestä historiastaan huolimatta bitcoin on selvinnyt tarpeeksi monista markkinoiden sille heittämistä haasteista, joten on hyvin todennäköistä, että se ei katoa arvokkaaksi miellettynä omaisuuseränä ainakaan lähiaikoina. Lisäksi Lindy-efekti antaa ymmärtää, että mitä kauemmin bitcoin on olemassa, sitä vahvempi on yhteiskunnallinen luottamus siihen, että se säilyy pitkään myös tulevaisuudessa.[22] Toisin sanoen yhteiskunnallinen luottamus uutta rahallista hyödykettä kohtaan on luonteeltaan asymptoot-

[19] http://bullishcaseforbitcoin.com/references/deep-sea-mining
[20] http://bullishcaseforbitcoin.com/references/asteroid-mining
[21] http://bullishcaseforbitcoin.com/references/hoxne-hoard
[22] http://bullishcaseforbitcoin.com/references/lindy-effect

tista, kuten alla oleva kaavio osoittaa:

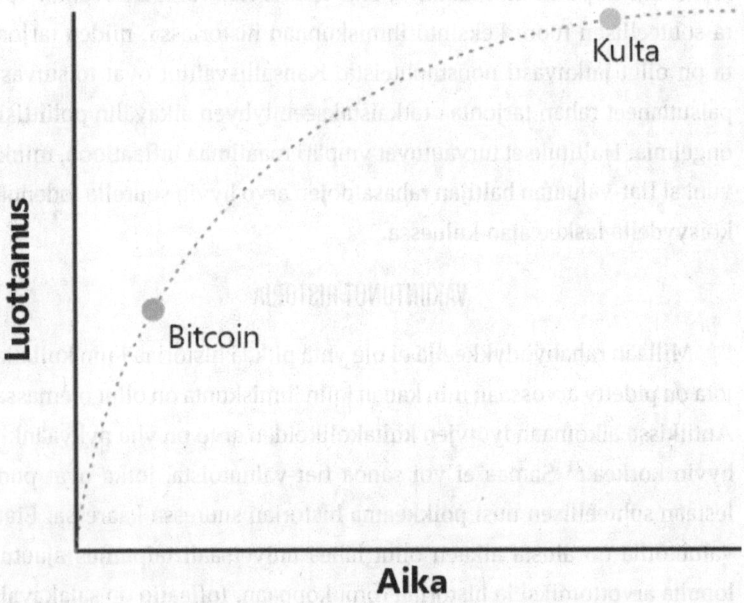

Jos bitcoin on olemassa 20 vuotta, lähes kaikki luottavat siihen, että se on olemassa (lähes) ikuisesti, aivan kuten ihmiset uskovat internetin olevan pysyvä osa nykymaailmaa.

SENSUURINKESTÄVYYS

Yksi merkittävimmistä tekijöistä bitcoinien varhaiselle kysynnälle oli niiden käyttö laittomassa huumausainekaupassa. Monet arvelivat myöhemmin virheellisesti, että bitcoineja halutaan ensisijaisesti niiden näennäisen anonymiteetin vuoksi. Bitcoin ei kuitenkaan ole anonyymi valuutta, koska jokainen bitcoin-verkossa tehty liiketoimi tallentuu ikuisesti julkiseen lohkoketjuun. Liiketoimien historiatiedot tekevät myöhemmän rikosteknisen analyysin ja jäljittämisen mahdolliseksi, jonka avulla voidaan tunnistaa monimutkaistenkin varallisuusvirtojen liikkeet. Juuri tällainen analyysi johti surullisenkuuluisan Mt. Gox -

bitcoinvälittäjän ryöstäneen rikollisen pidättämiseen.[23] Vaikka on totta, että riittävän varovainen ja huolellinen henkilö voi onnistua salaamaan henkilöllisyytensä bitcoinia käyttäessään, tämä ei ole syy siihen, miksi bitcoin oli niin suosittu maksuväline huumekaupassa. Keskeinen ominaisuus, joka tekee bitcoinista niin suosittua rikollisten keskuudessa, on se, että se on verkkotasolla *ei-luvanvarainen*, vapaasti käytettävissä ja liityttävissä. Ihmisen väliintuloa ei tarvita liiketoimien hyväksymiseksi, kun bitcoineja siirretään bitcoin-verkossa. Bitcoin on hajautettu vertaisverkko, joten se on luonteeltaan sensuurinkestävä. Tämä on jyrkässä ristiriidassa fiat-pankkijärjestelmän kanssa, jossa valtiot valvovat ja sääntelevät pankkeja ja muita rahoituslaitoksia raportoidakseen ja estääkseen rahallisten hyödykkeiden laittomaksi julistetun käytön. Klassinen esimerkki säännellystä rahansiirtotoiminnasta on pääomavalvonta. Esimerkiksi huippuvarakkaan voi olla mahdotonta tai vaarallista siirtää varallisuuttaan uuteen paikkaan, mikäli hän haluaa paeta autoritaarisen hallinnon ikeen alta. Valtiot eivät hallitse suoraan kullan tarjontaa tai takaa sen arvoa, mutta sen fyysinen luonne vaikeuttaa sen siirtämistä, minkä vuoksi se on paljon alttiimpi valtion interventioille kuin bitcoin. Intian kultavalvontalaki on esimerkki tällaisesta kultaan kohdistuvasta sääntelystä.[24]

Bitcoin erottuu edukseen useimpien edellä lueteltujen ominaisuuksien kannalta, minkä ansiosta se pystyy kilpailemaan nykyaikaisten ja muinaisten rahahyödykkeiden kanssa rajahyötyjä ja -kustannuksia vertailtaessa. Bitcoinin ominaisuudet tarjoavat vahvat kannustimet sen kasvavalle käytölle. Erityisesti sensuurinkestävyys ja absoluuttisen niukkuuden vahva yhdistelmä on ollut varakkaille sijoittajille voimakas syy allokoida ainakin osa varallisuudestaan uuteen nousevaan omaisuuserään.

---

[23] http://bullishcaseforbitcoin.com/references/mtgox-forensics

[24] http://bullishcaseforbitcoin.com/references/india-gold-act

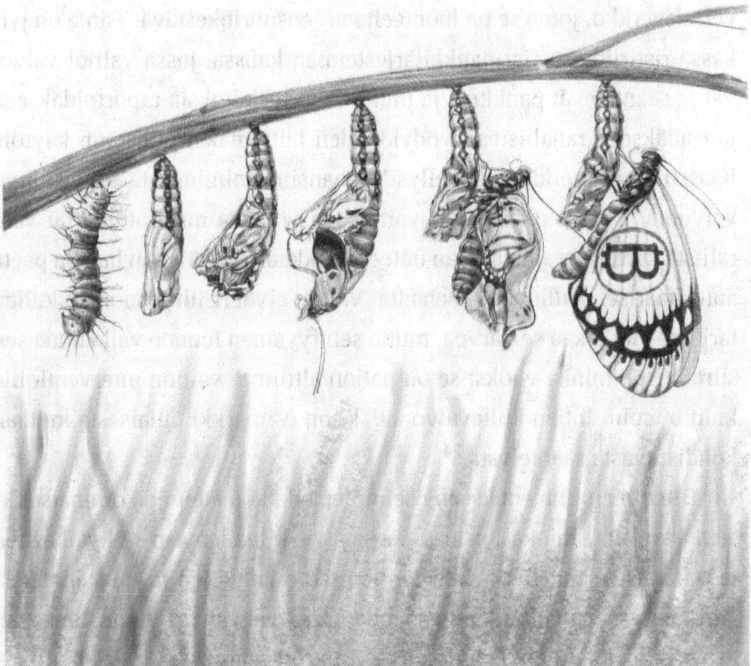
B

LUKU 3

RAHAN KEHITYS

Nykyaikaisessa rahataloustieteessä on pakkomielteisesti keskittynyt rahan rooliin vaihdon välineenä. Valtiot ovat 1900-luvulla monopolisoineet rahan liikkeeseenlaskun ja heikentäneet jatkuvasti sen käyttöä arvon säilyttäjänä, mikä on johtanut väärinkäsitykseen, jossa raha määritellään ensisijaisesti vaihdon välineeksi. Monet ovat kritisoineet bitcoinia, koska heidän mukaansa sen liiallinen epävakaus ei tee siitä kovin hyvää vaihdon välinettä – ja näin ollen bitcoin ei ole sopiva rahaksi. Tämä on kuitenkin nurinkurista ajattelua. Raha on aina kehittynyt vaiheittain, ja sen rooli arvon säilyttäjänä on aina edeltänyt sen roolia vaihdon välineenä. Eräs marginalistisen taloustieteen isistä, englantilainen William Stanley Jevons, selitti asian seuraavalla tavalla:

> Historiallisesti katsoen – – kulta näyttää ensin toimineen koriste-esineenä, toiseksi arvon säilyttäjänä, kolmanneksi vaihdon välineenä ja viimeiseksi arvon mittana. [25]

Nykysanastoa käyttääksemme raha kehittyy aina seuraavien neljän vaiheen kautta:

1. **Keräilyesine**: Aivan ensimmäisessä kehitysvaiheessa rahan kysyntä perustuu yksinomaan sen ominaispiirteisiin, jotka sen haltijat siihen sattuvat liittämään. Kuoret, helmet ja kulta olivat kaikki keräilyesineitä ennen kuin ne myöhemmin täyttivät rahan meille tutumpia tehtäviä.

2. **Arvon säilyttäjä**: Riittävän monen ihmisen kerrytettyä aiemmin keräilyesineeksi miellettyä hyödykettä, sen rahamaisuus tunnustetaan ja keräilyesineestä tulee keino säilyttää ja turvata arvoa tulevaisuuteen. Kun jokin hyödyke

[25] http://bullishcaseforbitcoin.com/references/jevons-quote

tunnustetaan laajemmin sopivaksi arvon säilyttäjäksi, sen ostovoima kasvaa, kun yhä useammat ihmiset haluavat pitää sitä hallussaan sen arvon säilyttämiseen liittyvien ominaisuuksien vuoksi. Arvon säilyttäjän ostovoima pysähtyy lopulta jollekin tasolleen, kun se on laajemmin ihmisten hallussa ja sitä arvon säilyttäjäksi haluavien uusien ihmisten määrä vähenee.

3. **Vaihdon väline**: Rahan täysin vakiinnuttua arvon säilyttäjänä, sen ostovoima vakiintuu. Ostovoiman vakiintumisen jälkeen rahan vaihdannassa tapahtuvan käytön vaihtoehtoiskustannukset pienenevät tasolle, jolla se sopii käytettäväksi vaihdon välineenä. Bitcoinin alkuaikoina monet ihmiset eivät ymmärtäneet, että bitcoinien käyttämisestä vaihdon välineenä arvon säilyttämisen sijaan aiheuttaa valtavia vaihtoehtoiskustannuksia. Kuuluisa tarina miehestä, joka vaihtoi 10 000 bitcoinia (tämän bitcoinmäärän hinta on nykykursseilla hieman yli 200 miljoonaa euroa) kahteen pizzaan, kuvaa tätä sekaannusta. [26]

4. **Arvon mitta ja laskentayksikkö**: Hyödykkeet hinnoitellaan rahan suhteen, kun rahaa käytetään laajalti vaihdon välineenä. Toisin sanoen vaihtosuhde rahaa vastaan on saatavilla useimmissa tapauksissa. Yleensä ajatellaan virheellisesti, että bitcoin-hinnoittelu olisi jotenkin yleistä nykypäivänä. Vaikka esimerkiksi kahvikupillinen saattaa olla ostettavissa bitcoinilla, näkemäsi hinta ei ole todellinen bitcoinmääräinen hinta, vaan se on myyjän haluama fiat-rahassa mitattu hinta, joka on käännetty bitcoinhinnaksi nykyisellä EUR/BTC-vaihtokurssilla. Myyjä pyytäisi suhteellisesti enemmän bitcoinia, jos bitcoinin hinta fiat-rahamääräisesti laskisi. Vasta sen jälkeen, kun

[26] http://bullishcaseforbitcoin.com/references/pizza-story

sekä ostajat että myyjät ovat valmiita hyväksymään bitcoinin maksuvälineeksi ottamatta huomioon bitcoinin kurssia fiat-valuuttojen suhteessa, voidaan sanoa, että bitcoinista on tullut myös laskentayksikkö.

Rahahyödykkeiden, jotka eivät ole vielä laskentayksiköitä, voidaan ajatella olevan osittain monetisoituneita eli rahallistuneita. Nykyään kulta täyttää tämän tehtävän, koska se on arvon säilyttäjä, mutta ei enää valtioiden toimien vuoksi ole yleinen vaihdon väline tai laskentayksikkö. On myös mahdollista, että yksi hyödyke täyttää rahan tehtävän vaihdon välineenä ja toinen hyödyke puolestaan muut tehtävät. Tämä on tyypillistä maissa, joissa valtioiden toimintakyky on rajoittunutta, kuten Venezuelassa, Argentiinassa ja Zimbabwessa. Nathaniel Popper kirjoittaa teoksessaan Digital Gold: Bitcoin and the Inside Story of the Misfits and Millionaires Trying to Reinvent Money:

> Yhdysvalloissa dollari täyttää saumattomasti kaikki kolme rahan tehtävää: se toimii vaihdon välineenä, hyödykkeiden hinnan mittayksikkönä ja omaisuuseränä, jossa arvoa voi säilyttää. Argentiinassa taas pesoa käytettiin vaihdon välineenä päivittäisissä ostoksissa, mutta kukaan ei suhtautunut siihen arvon säilyttäjänä. Säästöjen säilöminen pesoon oli samaa kuin olisi heittänyt rahaa kaduille. Niinpä ihmiset vaihtoivat säästämänsä pesot dollareihin, jotka säilyttivät arvonsa pesoa paremmin. Peso oli niin epävakaa, että ihmiset ajattelivat tyypillisesti hintoja dollarimääräisesti, josta tuli ajan kuluessa [pesoa] luotettavampi laskentayksikkö.[27]

Bitcoin on parhaillaan siirtymässä rahallistumisen kehitysvaiheesta (keräilyesine) toiseen vaiheeseen (arvon säilyttäjä). Todennäköisesti kuluu vielä useita vuosia ennen kuin bitcoin siirtyy nousevasta arvon säilyttäjästä todelliseksi vaihdon välineeksi ja tällä tiellä on paljon ris-

[27] Suom. huom. – https://www.amazon.com/Digital-Gold-Bitcoin-Millionaires-Reinvent/dp/006236250X

kejä ja epävarmuuksia. Huomionarvoista on, että sama siirtymä kesti kullan tapauksessa useita vuosisatoja. Kukaan elossa oleva ihminen ei ole kokenut hyödykkeen reaaliaikaista muuntumista rahaksi (kuten bitcoinin tapauksessa), joten meillä on hyvin vähän kokemuksia rahallistumisesta.

POLKURIIPPUVUUS

Rahahyödykkeen muuttuessa rahaksi, sen ostovoima nousee huimasti. Monet ovat sanoneet, että bitcoinin ostovoiman kasvu luo vaikutelman kuplasta. Useimmat viittaavat bitcoiniin kuplana siksi, että he eivät ymmärrä sitä, miksi kukaan maksaisi siitä mitään, mutta samalla kuplamaisuus on tahattomasti osuva kuvaus. Kaikille rahahyödykkeille on ominaista, että niiden ostovoima on suurempi kuin mitä niiden pelkän käyttöarvon valossa voi päätellä. Itse asiassa monilla historiallisilla rahoilla ei ollut lainkaan käyttöarvoa. Rahahyödykkeen ostovoiman ja sen vaihtoarvon, jonka se voi saada luontaisen hyödyllisyytensä vuoksi, välistä eroa voidaan ajatella rahallisena preemiona. Rahahyödykkeen rahallistuminen etenee tiettyjen edellä mainittujen vaiheiden kautta, jonka kuluessa rahapreemio kasvaa. Preemio ei kuitenkaan liiku suoraviivaisesti ja ennustettavasti. Rahallistuva hyödyke *X* saattaa tulla rahaksi paremmin soveltuvan hyödykkeen *Y* syrjäyttämäksi, ja *X*:n rahapreemio saattaa vähentyä tai kadota kokonaan. Hopean rahapreemio katosi lähes tyystin 1800-luvun lopulla, kun hallitukset ympäri maailmaa luopuivat suurelta osin hopean käytöstä ja omaksuivat kullan *de facto* rahana.

Uuden rahahyödykkeen rahapreemio ei noudata ennustettavaa polkua edes silloin, kun ei ole olemassa ulkoisia tekijöitä, kuten valtiollisia interventioita tai muiden rahahyödykkeiden aiheuttamaa kilpailua. Amerikkalaisen George Mason -yliopiston taloustieteen professori Lawrence H. White huomautti, että "kuplatarinan ongelma on tietysti se, että se sopii yhteen minkä tahansa hintakehityksen kanssa, eikä siten selitä tiettyä hintakehitystä."[28]

---

[28] http://bullishcaseforbitcoin.com/references/path-dependence

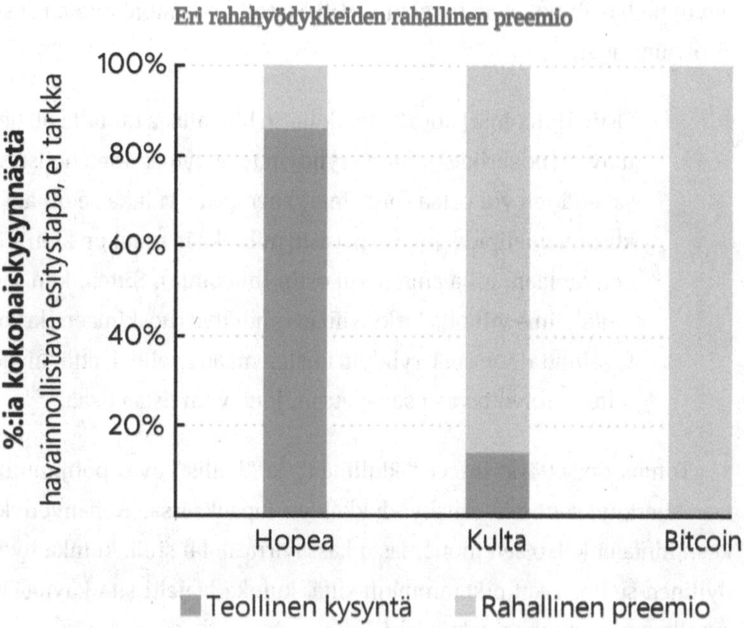

Rahallistumisprosessi on luonteeltaan peliteoreettinen: kaikki markkinaosapuolet pyrkivät ennakoimaan muiden markkinaosapuolten kokonaiskysyntää ja arvioimaan rahallistuvan hyödykkeen tulevaa rahapreemiota. Rahapreemiota ei ole sidottu mihinkään luontaiseen hyödyllisyyteen, joten markkinaosapuolet pyrkivät turvautumaan aiempiin hintoihin määritellessään sitä, onko rahahyödyke edullinen vai kallis ja pitäisikö sitä ostaa vai myydä. Tämänhetkisen kysynnän kytkeytyminen aiempiin hintoihin tunnetaan polkuriippuvuutena, ja se todennäköisesti aiheuttaa eniten hämmennystä rahahyödykkeiden hintakehityksen ymmärtämisessä.

Rahahyödykkeen ostovoima kasvaa sen käytön kasvaessa, joten markkinoiden odotukset siitä, mikä on "edullista" ja "kallista", muuttuvat samanaikaisesti. Vastaavasti, kun rahahyödykkeen hinta romahtaa, odotukset voivat muuttua, jonka tuloksena ihmiset arvioivat historiallisten hintojen olleen "järjettömiä" tai liian korkeita. Rahan polkuriippuvuutta havainnollistaa tunnetun Wall Streetin rahastonhoitajan Josh Brownin sanat:

> Ostin [bitcoinia] noin 2 300 dollarin hinnalla ja minulla oli heti hyvä [pokerikäsi]. Sitten ryhdyin toistelemaan sen noustessa, että 'en voi ostaa [bitcoinia] enempää', vaikka se oli ankkuroitu mielipide, joka ei perustu mihinkään muuhun kuin siihen hintaan, jolla alun perin ostin [bitcoinia]. Sitten, kun sen hinta viime viikolla laski Kiinan ryhdyttyä ruoskimaan [kryptovaluutta]pörssejä, ryhdyin toistelemaan itselleni, että 'hieno juttu... toivottavasti se tapetaan, jotta voin ostaa lisää.' [29]

Totuus on, että käsitteet "edullinen" ja "kallis" ovat pohjimmiltaan merkityksettömiä rahahyödykkeiden tapauksessa. Rahahyödykkeen hinta ei kerro sen tuottamasta kassavirrasta tai siitä, kuinka hyödyllinen se on, vaan pikemminkin siitä, kuinka laajalti sitä käytetään rahalle ominaisissa eri tehtävissä.

Rahan polkuriippuvaista luonnetta mutkistaa entisestään se, että markkinaosapuolet eivät toimi pelkästään kiihkottomina tarkkailijoina, jotka yrittävät ostaa tai myydä hyödykettä ennakoiden rahahyödykkeen tulevia liikkeitä, vaan toimivat myös aktiivisina julistajina. Objektiivisesti oikeaa rahapreemion tasoa ei ole olemassa, joten rahahyödykkeen ylivoimaisista ominaisuuksista saarnaaminen on tehokkaampaa rahamaisten hyödykkeiden tapauksessa kuin tavanomaisten hyödykkeiden, joiden arvo on viime kädessä sidottu kassavirtaan tai käyttöön. Bitcoinmarkkinoilla toimivien uskonnollinen kiihko on havaittavissa ympäri internetiä, kun bitcoinaajat kertovat aktiivisesti bitcoinin eduista ja suuresta varallisuuden kasvusta siihen sijoittamalla. Bitcoinmarkkinoita tarkkailtuaan newyorkilainen kasvuyrityssijoittaja Leigh Drogen sanoi:

---

[29] http://bullishcaseforbitcoin.com/references/josh-brown-quote

> Tunnistat tämän uskonnoksi. Se on tarina, jota kerromme toisillemme ja josta olemme samaa mieltä. Uskonto on se omaksumiskäyrä, jota meidän pitäisi tarkastella. Se on lähes täydellinen, koska heti kun joku tulee mukaan, hän kertoo siitä kaikille ja ryhtyy julistamaan evankeliumia muille. [30]

Vaikka bitcoinin vertaaminen uskontoon saattaa antaa siitä kielteisen vaikutelman, on täysin järkevää, että yksittäinen bitcoinaaja saarnaa ylivoimaisen rahahyödykkeen puolesta ja vaatii muutakin yhteiskuntaa ottamaan sen käyttöön. Raha toimii kaiken kaupankäynnin ja säästämisen perustana, joten paremman rahan käyttöönotolla on valtavia kasautuvia etuja vaurauden luomiseksi yhteiskunnan kaikille jäsenille.

[30] http://bullishcaseforbitcoin.com/references/leigh-drogen-quote

LUKU 4

RAHALLISTUMISEN MUOTO

HYPESYKLIT

Vaikka ei ole olemassa mitään *apriorisia* sääntöjä sille, miten rahahyödyke muuttuu ja kehittyy rahaksi muuttuessaan, bitcoinin suhteellisen lyhyen rahallistumisen aikana on ilmennyt kummallinen kaavamainen liike. Bitcoinin hinta näyttää noudattavan kasvavaa fraktaalikuviota, jonka jokainen iteraatio vastaa Gartnerin hypesyklin klassista muotoa, kuten alla olevasta kuviosta käy ilmi.

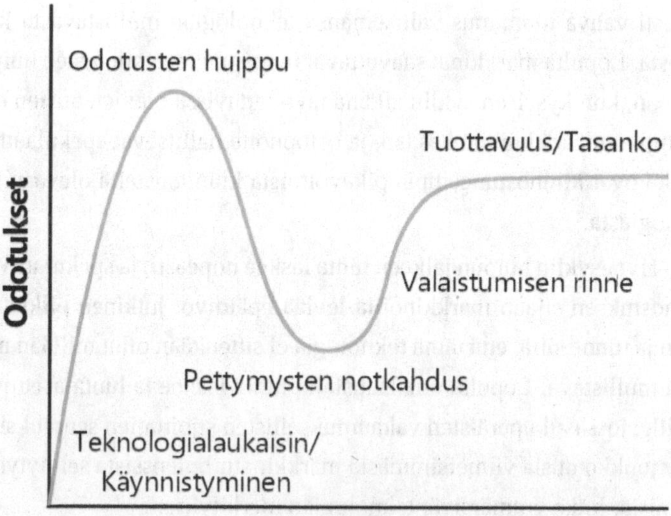

Michael B. Casey väittää artikkelissaan "Speculative Bitcoin Adoption/Price Theory", että laajenevat Gartnerin hypesyklit edustavat vakiomuotoisen S-käyrän vaiheita, jota monet muut transformatiiviset teknologiat ovat seuranneet niiden yleistyessä yhteiskunnassa.[31]

[31] http://bullishcaseforbitcoin.com/references/speculative-adoption-theory

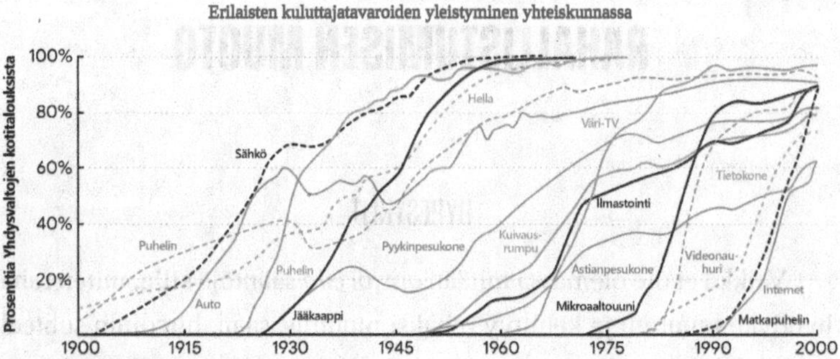

Jokainen Gartnerin hypesykli saa alkunsa teknologiainnostuksella, ja kyseisen iteraation aikana "tavoitettavat" markkinaosapuolet nostavat hintaa. Gartnerin hypesyklissä varhaisimmilla ostajilla on tyypillisesti vahva luottamus valitsemansa teknologian mullistavasta luonteesta. Lopulta markkinat saavuttavat innostuneiden odotusten huipentuman, kun kyseisen syklin aikana tavoitettavissa olevien uusien osallistujien määrä kuivuu kasaan, ja ostopuolta hallitsevat spekulaattorit, jotka ovat kiinnostuneempia pikavoitoista kuin taustalla olevasta teknologiasta.

Hypesyklin huipun jälkeen hinta laskee nopeasti, ja spekulatiivisen innostuksen sijaan markkinoilla leviää epätoivo, julkinen pilkkaaminen ja tunne siitä, että tämä teknologia ei sittenkään ollut millään muotoa mullistava. Lopulta omaisuuslajin hinta laskee ja hinta asettuu tasoille, jossa alkuperäisten vakaumuksellisten sijoittajien seurauksi liittyy joukko uusia viimeisimmästä markkinaturbulenssista selviytyneitä ihmisiä, jotka ymmärsivät teknologian merkityksen.

Hintatasanko säilyy kauan aikaa ja muodostaa, kuten Casey sitä kutsuu, "vakaan, tylsän matalasuhdanteen." Tasangon aikana suuren yleisön kiinnostus teknologiaa kohtaan vähenee, mutta teknologian kehittämistä jatketaan, ja vakaumuksellisten uskovien määrä kasvaa hitaasti. Tällöin syntyy uuden hypesyklin pohjahinta kierron toistamiseksi, kun ulkopuoliset tarkkailijat huomaavat, että teknologia ei ole katoamassa mihinkään ja että uuteen nousevaan omaisuuserään sijoittaminen ei ehkä olekaan niin riskialtista kuin ehkä romahdusvaiheen aikana. Hypesyklin seuraava vaihe tuo mukanaan huomattavasti aiempaa suuremman joukon vasta-alkajia ja tästä kylvöstä saavat alkuunsa aiempaa suuremman kasvuvaiheen alkutahdit.

Hyvin harva Gartnerin hypesyklin iteraatioon osallistuvista arvioi oikein, kuinka korkealle hinnat nousevat seuraavassa hypesyklissä. Bitcoinin hinta nousee yleensä tasoille, jotka tuntuisivat useimmista sijoittajista järjettömiltä syklin varhaisimmissa vaiheissa. Syklin päättyessä valtavirtamedia tarttuu aiheeseen ja romahduksen syistä spekuloidaan kiivaasti. Julkisuudessa kiertelevät huhut voivat kiihdyttää tapahtumia, mutta ne eivät ole hypesyklin tämänkertaisen päättymisen perimmäinen syy. Gartnerin hypesyklit päättyvät, koska nimenomaisen syklin tavoittamat markkinaosapuolet loppuvat kesken.

Kulta noudatti klassista Gartnerin hypesyklimallia 1970-luvun lopusta 2000-luvun alkuun. Voidaan olettaa, että hypesykli kuvaa parhaiten rahallistumisprosessin eri vaiheita ja rahallistumisen sosiaalista dynamiikkaa.

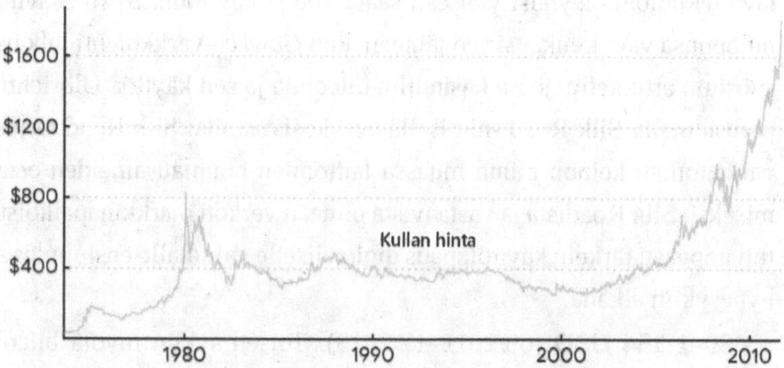

GARTNERIN JOUKOT

Bitcoinin markkina-arvoltaan pienehköillä markkinoilla ei ollut havaittavissa mitään hypesykliä ennen Mt. Gox -bitcoinvälittäjän syntyä heinäkuussa 2010. Markkinoita hallitsi joukko kryptograafikoita, tietojenkäsittelytieteilijöitä ja kyberpunkkareita, jotka halusivat uteliaasti tutustua Satoshi Nakamoton uraauurtavaan keksintöön ja jotka edelläkävijöinä halusivat varmistaa, että bitcoin-protokollassa ei ollut teknisiä virheitä. Bitcoinin hinnat määräytyivät joko suorassa vaihdannassa tai vaihtokaupassa, kuten esimerkiksi unkarilaistaustainen varhainen bitcoin-kehittäjä Laszlo Hanyecz teki ostaessaan kaksi pizzaa Papa John's -pizzaravintolasta vuonna 2010.

Sen jälkeen, kun ensimmäinen bitcoinin pörssikauppahinta syntyi vuonna 2010, bitcoinmarkkinoilla on koettu neljä suurta Gartnerin hypesykliä. Näin jälkikäteen arvioituna voimme tunnistaa tarkemmin bitcoinmarkkinoiden hypesyklien hinta-alueet. Lisäksi voimme tunnistaa laadullisesti niiden sijoittajien ryhmät eli kohortit, jotka olivat osa aiempia hypesyklejä.

0,06–30 USD (07/2010–07/2011): Ensimmäinen sykli houkutteli tasaisesti ideologisesti vakaumuksellisia sijoittajia, jotka olivat häikäistyneitä digitaalisen rahan mahdollisuuksista. Roger Verin ja Ross Ulbrichtin kaltaisia libertaareja kiinnostivat mahdollisuudet horjuttaa valtiovaltaa ja muita perinteisiä instituutioita bitcoinin avulla, jos orastava teknologia leviäisi yleisesti saataville ja käyttöön. Sykli saavutti huippunsa vain kuukausi sen jälkeen, kun *Gawker*-verkkolehti julkaisi suositun artikkelin, jossa käsiteltiin bitcoinia ja sen käyttöä Ulbrichtin perustamalla Silk Road -nimisellä verkkosivustolla. Silk Road tarjosi vaivattoman keinon muun muassa laittomien huumausaineiden ostamiseksi. Silk Roadista ja vastaavista pimeän verkon markkinapaikoista tuli nopeasti tärkein käyttötapaus digitaaliselle valuutalle ensimmäisen hypesyklin aikana.

30–1 154 USD (08/2011–12/2013): Toisen syklin myötä bitcoinin pariin tuli joukko pelottomimpia sijoittajia, kuten argentiinalainen bitcoinaaja Wences Casares. Hänen kaltaisensa yrittäjät olivat valmiita ottamaan poikkeuksellisia riskejä astumalla käänteentekevän ja todistamattoman teknologian maailmaan. Casares koki bitcoinin olevan keino lapsuudessaan kokeman hyperinflaation kaltaisten taloudellisten tuhojen välttämiseksi. Nerokkaana ja verkottuneena sarjayrittäjänä Casaresin tiedetään julistaneen bitcoinista joillekin Piilaakson merkittävimmistä teknologiayrittäjistä ja -sijoittajista. Casares levitti onnistuneesti bitcoinin "mielen virusta" (eli meemiä) ympärilleen.

Winklevossin kaksoset, jotka olivat riidelleet Mark Zuckerbergin Facebookin (Meta) perustamisesta ja saaneet yhtiöltä suurehkon sovittelukorvauksen, olivat mukana toisessa hypesyklissä. Winklevossin kaksoset olivat Ibizalla juhlimassa Facebookilta saamillaan rahoilla, kun he törmäsivät sattumoisin sijoittaja David Azariin ja tutustuivat tähän uuteen digitaaliseen valuuttaan. Azar onnistui vakuuttamaan Winklevossit lähes välittömästi bitcoinin arvolupauksesta, ja lopulta kaksoset päättivät laittaa rahansa kiinni bitcoiniin.

Bitcoinin ensimmäisen ja toisen hypesyklin aikana sijoittajat olivat valmiita käyttämään kummallisia ja riskialttiita tapoja bitcoinien hankkimiseksi. Suurin osa markkinalikviditeetistä oli näihin aikoihin tarjolla Japanissa sijaitsevan Mt. Gox -bitcoinkauppapaikan kautta, jota johti tunnetusti epäpätevä ja huonomaineinen Mark Karpeles. Karpeles sai myöhemmin vankilatuomion syyllisyydestään Mt. Goxin romahdukseen.

1 154–19 600 USD (01/2014–12/2017): Kolmas hypesykli houkutteli ensimmäisen merkittävän sijoittajajoukon, jolla ei ollut ideologista sidettä bitcoinin taustalle kätkeytyvään kryptopunkkari- ja hakkerietiikkaan. Omaksumista ja muutosta kuvaavan S-käyrän näkökulmasta nämä uudet sijoittajat olivat "varhaisia omaksujia."

Willy Woon lohkoketju- ja markkinapaikkadataan perustuva tutkimus tältä ajanjaksolta esittää, että uusien tulokkaiden ryhmää hallitsivat yksityissijoittajat ja että bitcoinin maailmanlaajuinen käyttö kasvoi noin 1–2 miljoonasta sijoittajasta yli 14 miljoonaan.[32] Sykli päättyi spekulatiiviseen kiihkoon, jota vauhdittivat bitcoinin markkina-asemasta kilpailevien vaihtoehtoisten kryptovarojen (altcoinien) tulva markkinoille.

Bitcoinin hinnannousu edellä mainittujen hypesyklien aikana korreloi suurelta osin likviditeetin lisääntymiseen ja siihen, että sijoittajat kykenivät aiempaa paremmin ostamaan ja myymään bitcoinia. Kahden

---

[32] http://bullishcaseforbitcoin.com/references/willy-woo-data

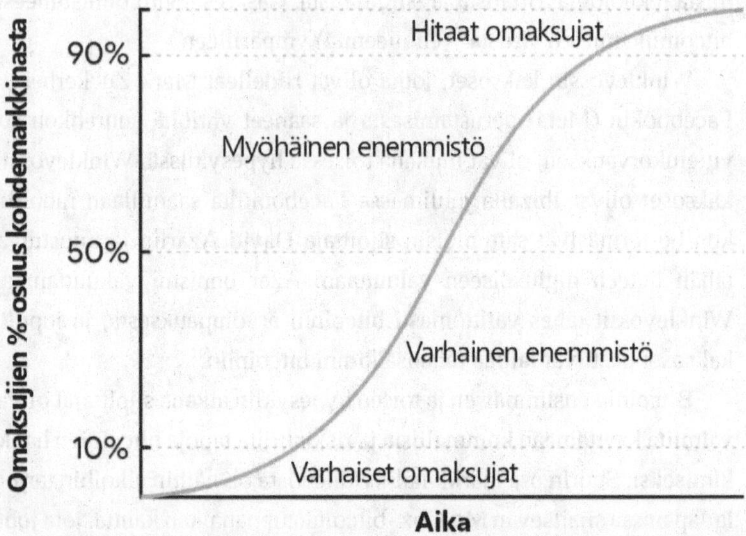

ensimmäisen hypesyklin ajan Mt. Gox oli tärkein toimija bitcoinin likviditeetin kannalta, ja bitcoinien hankkiminen ja säilyttäminen tältä huonosti johdetulta bitcoin-välittäjältä oli liian monimutkaista kaikille muille kuin teknisesti taitaville sijoittajille. Lisäksi monet, jotka onnistuivat siirtämään fiat-varoja Mt. Goxiin, menettivät lopulta varansa, kun Mt. Gox hakkeroitiin ja myöhemmin suljettiin. Kolmannen hypesyklin alkuun mennessä Mt. Goxille ilmaantui jo uusia kilpailijoita. Jopa sen jälkeen, kun Mt. Gox romahti ja tilalle tuli pätevämpiä kilpailijoita, bitcoiniin sijoittamiseen liittyi kuitenkin yhä edelleen merkittäviä esteitä. Pankit ja muut rahoituslaitokset olivat usein haluttomia asioimaan kryptovaluuttapörssien kanssa,[33] ja Coinbasen kaltaiset kryptovaluuttapörssit eivät kyenneet vastaamaan nopeasti kasvavaan asiakaskysyntään. Vastikään syntynyt kryptomarkkinainfrastruktuuri oli parhaimmillaankin epävakaa.

Kypsät ja syvän likviditeetin bitcoinmarkkinat kehittyivät vasta kolmannen hypesyklin päättyessä, kun bitcoinin hinta nousi syklin

[33] Suom. huom. – Suomessa bitcoinvälittäjä Prasos (nykyinen Coinmotion) joutui samanlaiseen kiirastuleen vuonna 2018, kun useat pankit sulkivat yhtiön pankkitilit epäselvän oikeudellisen tilanteen vuoksi, ks. https://yle.fi/uutiset/3-10094597

lopussa voimakkaasti. Tänä aikana perustettiin useita ammattimaisempia OTC-välittäjiä[34] ja säänneltyjä kryptovaluuttapörssejä, jotka olivat aiempia toimijoita luotettavampia. Samaan aikaan kehittyivät myös johdannaismarkkinat, kuten Chicago Mercantile Exchangen tarjoamat bitcoinfutuurit. Vähittäissijoittajien ja institutionaalisten toimijoiden oli neljännen hypesyklin käynnistyessä vuoden 2018 alussa suhteellisen helppoa ostaa, myydä ja säilyttää bitcoinia.

19600 USD–? (01/2018–?): Tätä kirjoitettaessa bitcoinmarkkinoilla on käynnissä neljäs suuri hypesykli. Likviditeetin parantuessa ja markkinoiden kypsyessä suuret institutionaaliset sijoittajat ovat tulleet markkinoille, ja useat tunnetut varainhoitajat, kuten Paul Tudor Jones, Stanley Druckenmiller ja Ray Dalio, ovatkin sijoittaneet (pienen) osan varoistaan bitcoiniin. Varainhoitajien ohella myös pörssiyhtiöt, kuten Tesla, MicroStrategy ja Square ovat allokoineet osan – tai MicroStrategyn tapauksessa kaiken – kassavaroistaan bitcoiniin. Myös pienet ja keskisuuret yritykset ovat olleet kiinnostuneita hankkimaan bitcoinia taseeseensa, kuten Suomessa audiovisuaalisiin ratkaisuihin erikoistunut AV-Online[35] ja eräät suuremmat perhetoimistot ovat jo tehneet.

Bitcoinmarkkinoiden kypsyessä institutionaalinen kysyntä on todennäköisesti merkityksellisessä roolissa nykyisen hypesyklin vauhdittajana (ja hidastajana). Lohkoketjuanalytiikkayhtiö Chainalysiksen toimitusjohtaja Philip Gradwell kirjoitti asiasta asiakastiedotteessa:

> Institutionaalisten sijoittajien rooli käy datan valossa yhä ilmeisemmäksi – – Pohjoisamerikkalaiset sijoittajat ohjaavat kysyntää fiat-kryptovaluuttapörsseissä ja institutionaalisten ostajien kysyntä kasvaa. [36]

---

[34] Suom. huom. – OTC(engl. over-the-counter)-välittäjät sovittavat osto- ja myyntitarjouksia yhteen muodostaen hajautetun markkinan, keskitetyn pörssin sijaan, joiden kautta voi ostaa listaamattomia pörssiosakkeita ja joita bitcoinin tapauksessa käytetään yleensä suurten volyymien ostoon keskitettyjen pörssien liian alhaisen likviditeetin vuoksi.

[35] Suom. huom. – https://coinmotion.com/fi/bitcoin-osana-liiketoimintaa/

[36] http://bullishcaseforbitcoin.com/references/gradwell-quote

Cambridgen yliopiston Center for Alternative Finance -tutkimuslaitoksen tuottamassa tutkimuksessa päädyttiin siihen, että vuoden 2020 loppupuoleen mennessä maailmassa on "yhteensä jopa 101 miljoonaa yksilöllistä kryptovarojen käyttäjää."[37] Näyttää siltä, että nykyisen hypesyklin aikana bitcoin on valmis siirtymään S-käyrän varhaisten omaksujien vaiheesta varhaisen enemmistön vaiheeseen. Tämä ryhmä edustaa 30–35 prosenttia väestöstä. Säänneltyjen futuurimarkkinoiden olemassaolo tasoittaa tietä spot-hintaisen bitcoin-ETF:n lanseeraamiselle, joka sitten johtaa "myöhäisen enemmistön" ja "hitaiden omaksujien" mukaantuloon seuraavien hypesyklien kuluessa.

Nykyisen hypesyklin tarkkaa suuruutta on mahdotonta ennustaa, mutta on kohtuullista olettaa, että nykyisen hypesyklin kuluessa bitcoin onnistuu saavuttamaan aiempaa huomattavasti suuremman osuuden kullan markkinaosuudesta, joka on bitcoinille näennäisesti läheisin omaisuusluokka. Kullan markkina-arvo on tätä kirjoitettaessa noin 11,5 biljoonaa, Applen 2,4 biljoonaa ja hopean hieman yli biljoona dollaria. Bitcoinin markkina-arvo on heinäkuussa 2022 noin 0,41 biljoonaa dollaria.

PUOLIINTUMISEN VAIKUTUS

Bitcoineja tuotetaan louhinnaksi kutsutussa kilpailullisessa prosessissa, johon osallistuminen edellyttää sähkön muuntamista laskentatehoksi. Uuden bitcoinin tuotantoaikataulu on kirjattu ennalta Bitcoin-protokollaan ja lähtökohtaisesti bitcoin-louhija (bitcoin-verkkoon osallistuva tietokone) louhii uuden lohkon noin 10 minuutin välein. Aina kun louhija louhii oikeaoppisesti lohkon, se saa palkkioksi kiinteän määrän uusia bitcoineja, ja tätä palkkiota kutsutaan lohkotueksi. Kaikki bitcoin-verkossa käytetyt bitcoinit ovat päätyneet kiertoon louhijoiden toimesta, kun näille on maksettu lohkotukea jokaisesta kelvollisesti tuotetusta bitcoin-lohkosta.

[37] http://bullishcaseforbitcoin.com/references/benchmarking-study

Noin neljän vuoden välein (tai tarkemmin sanottuna 210 000 lohkon välein) bitcoinin lohkotuki puoliintuu tapahtumassa, joka tunnetaan nimellä *halving* eli puoliintuminen. Bitcoinin olemassaolon ensimmäisten neljän vuoden ajan jokaisesta kelvollisesta louhijan tuottamasta lohkosta maksettiin louhijalle 50 bitcoinin palkkio. Ensimmäinen lohkotuen aikakausi päättyi marraskuussa 2012, jonka jälkeen lohkotuki oli 25 bitcoinia lohkoa kohden. Toinen jakso päättyi kesäkuussa 2016 ja kolmas puolestaan toukokuussa 2020. Elämme tällä hetkellä puoliintumissyklin neljättä ajanjaksoa, jonka aikana jokainen kelvollinen lohko vapauttaa kiertoon enää vain 6,25 bitcoinia. Noin vuoteen 2140 mennessä lohkotuki painuu nollaan, eikä louhimalla enää tuoteta uusia bitcoineja. Sijoittajien näkökulmasta on olennaista ymmärtää, miten bitcoinin lohkotuen puoliintumisen voi ennakoida vaikuttavan bitcoinin hintatasoon ja kykenevätkö markkinat "hinnoittelemaan" tämän joka neljäs vuosi tapahtuvan tarjontashokin riittävissä määrin hintaan.

Bitcoin-protokollan mukaan kelvollisen lohkon louhimiseen tarvittavaa laskentatehon määrää mukautetaan määräajoin, jotta uusien bitcoinien tuotanto pysyy suhteellisen tasaisella tasolla kunkin puoliintumisjakson aikana. Mikäli louhintaan käytetyt laskentaresurssit kasvavat, louhinnan vaikeusastetta säädetään ylöspäin, ja uusien bitcoinien louhimisesta tulee luonnollisesti kalliimpaa, koska louhijan on joko hyväksyttävä heikompi tuotto-odotus tai hankittava lisää laskentatehoa vaikeusasteen nousun kompensoimiseksi. Tämä vaikeusasteen säätäminen tai mukauttaminen tekee louhijoista marginaalituottajia.[38] Toisin sanoen, louhinnasta saatava tuotto ajautuu ajan kuluessa kohti nollaa. Bitcoin-louhinta on rajatulojen ja -kustannusten nuorallatanssia, joten louhijoiden on yleensä myytävä suurin osa louhimistaan bitcoineista kattaakseen toimintansa jatkuvat kustannukset,

[38] Suom. huom. – Bitcoin-louhinnassa marginaalituottajan uhkana on aina tippua pois markkinoilta bitcoinin markkinahinnan laskun tai tuotantokustannusten nousun vuoksi, koska marginaalituottajan tuotantokustannukset ovat lähimpänä nykyistä markkinahintaa. Marginaalituottaja ei tee (juurikaan) voittoa, joten mikä tahansa marginaalituottajan kannalta haitallinen muutos tulo- tai menopuolella tekee toiminnan jatkamisesta nopeasti kannattamatonta. Marginaalituottaja on siis yksinkertaisesti sanottuna kulloisessakin markkinatilanteessa kalleimman bitcoin-yksikön tuottaja ja tehottomin toimija.

joista valtaosa muodostuu sähkön hinnasta. Näin ollen louhijoiden myyntipaine näkyy bitcoinin hinnan laskupaineena. Näyttää siltä, että lohkopalkkion puoliintuessa louhijoiden myyntipaine suunnilleen puoliintuu.

Muiden asioiden pysyessä yhtäläisinä ja bitcoinin kysynnän pysyessä vakiona, puoliintuminen johtaisi siihen, että kysyntä ylittäisi tarjonnan, jolloin bitcoinin hinta nousisi. Lohkotuen puoliintumisen ajankohta on hyvin tiedossa, joten vaikuttaisi siltä, että markkinaosapuolten pitäisi kyetä ennakoimaan ja hinnoittelemaan se. Historiallisesti on kuitenkin selvää, että bitcoinin lohkotuen puoliintumista ei ole hinnoiteltu riittävästi ja että bitcoinin hinta näyttäisi nousevan dramaattisesti jokaisen puoliintumisen myötä. Voidaankin spekuloida, että bitcoinin lohkotuen puoliintuminen on laukaiseva syy bitcoinin säännöllisesti toistuville hypesykleille.

Bitcoinin hypesyklin päättyessä, sen hinta laskee jyrkästi, kunnes se löytää uuden tasapainotilan, jossa hyvin vakaumuksellisten ostajien kysyntä vastaa markkinoilta poistuvien spekulanttien ja tuotantokustannustensa kattamiseksi myyvien louhijoiden vapauttamaa tarjontaa. Puoliintuminen häiritsee lopullisen tasapainotilan saavuttamista, ja markkinoilla tarjolla olevien bitcoinien tarjonta siirtyy hitaasti mutta varmasti pitkäaikaisten haltijoiden – *hodlaajien* – käsiin. Tarjolla olevien bitcoinien määrän vähentyessä, sen markkinahinta kääntyy nousu-uralle, ja näennäisesti vääjäämätön hinnannousu näyttää laukaisevan (uudelleen) klassisen "väkijoukkojen hulluutta" muistuttavan ilmiön ja hypesyklin parabolisen kehitysvaiheen.

Mahdollinen syy siihen, miksi aiempia puoliintumisia ei ole historiallisesti hinnoiteltu, voi olla se, että puoliintumisen käynnistäessä uuden hypesyklin, on vielä epäselvää, kuinka suuri kyseisen hypesyklin mukanaan vetämä uusin joukko on ja missä määrin uuden joukon jäsenet ovat halukkaita sijoittamaan säästöjään bitcoiniin. Asiaa mutkistavat rahallistumiseen liittyvät monimutkaiset palautesilmukat. Olemme jo huomanneet joidenkin sijoittajien päättäessä allokoida säästöjään bitcoiniin, että he eivät ole vain yksinomaan passiivisia sijoittajia, vaan ainakin osa heistä ryhtyy myös aktiivisesti julistamaan bitcoinin paremmuutta säästämismuotona muille (ja samoin tekevät myös vankkumattoman vakaumukselliset aiempien hypesyklien aikana syntyneet bitcoinaajat). Se, missä määrin tämä julistustyö laajentaa kutakin joukkoa, ei välttämättä ole kovinkaan mielekkäällä tavalla selvitettävissä.

KANSALLISVALTIOT SAAPUVAT NÄYTTÄMÖLLE

Bitcoinin viimeinen Gartnerin hypesykli saa alkunsa, kun kansallisvaltiot ryhtyvät kerryttämään sitä osaksi valuuttavarantojaan. Bitcoinin markkina-arvo on tällä hetkellä kuitenkin niin pieni, että sen lisääminen valuuttavarantoihin ei välttämättä ole mielekästä. Osa valtioista kuitenkin tarttuu bitcoiniin, kun siitä tulee riittävän likvidi. Likviditeetti lisääntyy yksityisen sektorin kiinnostuessa siitä, yritysten ja sijoittajien allokoidessa osan varoistaan siihen ja bitcoinin markkina-arvon lähestyessä kullan markkina-arvoa. Se saa todennäköisesti muutkin valtiot kiinnostumaan bitcoinista, kun ensimmäinen valtio lisää bitcoinia virallisesti valuuttavarantoihinsa. Valtiot, jotka ottavat bitcoinin käyttöön varhaisessa vaiheessa, hyötyvät siitä tasenäkökulmasta eniten, mikäli bitcoinista lopulta tulee maailmanlaajuinen varantovaluutta. Valitettavasti bitcoineja kerryttävät todennäköisesti ensimmäisinä valtiot, joiden toimeenpanovalta on ehdottomin, kuten Pohjois-Korean kaltaiset diktatuurit. Haluttomuus parantaa tällaisten valtioiden taloudellista asemaa ja länsimaisten liberaalidemokratioiden luonnostaan heikko toimeenpanovalta saavat ainakin osan maista epäröimään ja vastustelemaan bitcoinin lisäämistä valuuttavarantoihinsa.

On varsin ironista, että Yhdysvallat on tällä hetkellä yksi niistä valtioista, jotka suhtautuvat bitcoiniin sääntelyn näkökulmasta avomielisimmin, kun taas Kiina, Venäjä, Iran ja Turkki ovat historiallisesti olleet kaikkein vihamielisimpiä. Yhdysvallat ottaa suurimman riskin geopoliittisen asemansa heikkenemisestä, jos bitcoin onnistuu syrjäyttämään dollarin maailman *de facto* varantovaluuttana. Ranskan presidentti Charles de Gaulle uhkasi 1960-luvulla palauttaa klassisen kultakannan vastauksena Yhdysvaltain kohtuuttomaan rahapoliittiseen etuoikeuteen. Samalla tavoin kiinalaiset, venäläiset ja muut ymmärtävät ajan kuluessa, mitä hyötyä on pitää hallussaan muita kuin valtiollisia arvon säilyttäjiä osana valuuttavarantoja ja muuta omaisuutta. Bitcoin-louhinta on edelleen voimissaan Kiinassa,[39] joten Kiinalla on jo nykyisin selvä etu mahdollisuuksissaan lisätä bitcoinia valuuttavarantoihinsa.

Yhdysvallat tunnetaan keksijöiden ja edelläkävijöiden kansakuntana, ja Piilaakso on Yhdysvaltojen talouden kruununjalokivi. Toistaiseksi Piilaakso on pitkälti hallinnut keskustelua siitä, miten sääntely- ja valvontaviranomaisten tulisi suhtautua bitcoiniin. Finanssiala ja Yhdysvaltain keskuspankki ovat kuitenkin vihdoin saaneet ensimmäisen aavistuksen siitä, millaisen eksistentiaalisen uhan bitcoin aiheuttaa Yhdysvaltain rahapolitiikalle, jos siitä tulisi maailmanlaajuinen varantovaluutta. Talouslehti Wall Street Journal, joka on tunnetusti Yhdysvaltain keskuspankin äänitorvi, julkaisi kommentin bitcoinin uhasta Yhdysvaltain rahapolitiikalle:

> On olemassa toinenkin vaara, keskuspankkien ja sääntelyviranomaisten näkökulmasta ehkä vielä vakavampi: bitcoin ei välttämättä romahda. Jos kryptovaluuttaan kohdistuva spekulatiivinen kiihko on vain esiaste sille, että sitä käytetään laajasti dollarin vaihtoehtona, se uhkaa keskuspankkien rahamonopolia.[40]

Tulevina vuosina käydään suurta kamppailua yhtäältä yrittäjien ja edelläkävijöiden välillä, jotka pyrkivät pitämään bitcoinin poissa valtioiden käsistä, ja toisaalta finanssialan ja keskuspankkien välillä, jotka käyttävät vaikutusvaltaansa voimistaakseen bitcoinin sääntelyä estääkseen toimialaansa ja rahamonopoliinsa kohdistuvia uhkia.

---

[39] Sittemmin kesäkuussa 2021 Kiina kielsi bitcoin-louhinnan, jolloin suuri osa Kiinassa sijainneesta louhinnasta siirtyi Yhdysvaltoihin.

[40] http://bullishcaseforbitcoin.com/references/wsj-quote

SIIRTYMINEN VAIHDON VÄLINEESEEN

Rahahyödyke ei voi muuttua yleisesti hyväksytyksi vaihdon välineeksi (rahan tavanomainen määritelmä taloustieteessä) ennen kuin se on laajalti arvostettu, koska hyödykettä, jota ei arvosteta, ei hyväksytä vaihdossa maksusuoritteena. Rahamaisen hyödykkeen tullessa laajasti arvostetuksi ja siten arvon säilyttäjäksi, sen ostovoima kasvaa, jonka vuoksi vaihtoehtoiskustannukset siitä luopumiseksi vaihdannassa kasvavat. Vasta kun arvon säilyttäjästä luopumisen vaihtoehtoiskustannukset painuvat riittävän matalalle tasolle, siitä voi tulla yleisesti hyväksytty vaihdon väline.

Tarkemmin sanottuna rahahyödyke soveltuu vaihdon välineeksi vasta, kun sen käyttämisestä vaihdossa aiheutuvien vaihtoehtois- ja liiketoimikustannusten summa laskee alle kustannuksen, jotka aiheutuvat vaihdon kustannuksista ilman rahahyödykettä.

Suoraan vaihdantaan eli vaihtokauppaan perustuvassa yhteiskunnassa arvon säilyttäjän siirtyminen vaihdon välineeksi voi tapahtua jopa silloin, kun rahahyödykkeen ostovoima kasvaa, koska vaihtokaupan liiketoimikustannukset ovat erittäin korkeat. Kehittyneessä taloudessa, jossa liiketoimikustannukset ovat matalat, on mahdollista, että nousevaa ja nopeasti arvoa kasvattavaa arvon säilyttäjää, kuten bitcoinia, voidaan käyttää ainakin rajoitetusti vaihdon välineenä. Esimerkkinä voidaan mainita laiton huumekauppa, jossa ostajat ovat valmiita maksamaan vaihtoehtoiskustannuksen menetetystä bitcoinin arvonnoususta minimoidakseen fiat-valuutalla ostamiseen liittyvät riskit.

Nousevan arvon säilyttäjän muuttuminen *yleisesti* hyväksytyksi vaihdon välineeksi kehittyneessä yhteiskunnassa on institutionaalisista syistä merkittävän hidasta ja vaivalloista. Valtiot turvautuvat verotukseen voimakkaana keinoina suojellakseen kansallista rahaansa kilpailevilta rahahyödykkeiltä ja niiden aiheuttamalta uhalta. Kansallisen rahan etuna on jatkuva kysyntä, koska verot peritään ja maksetaan vain tässä rahamuodossa, ja lisäksi kilpailevia rahahyödykkeitä verotetaan tiukemmin, kun niiden arvo nousee. Erilaiset hidasteet ja erityisesti verotus aiheuttaa merkittävää kitkaa uuden arvon säilyttäjän käytölle vaihdon välineenä.

Markkinaperusteisen rahahyödykkeiden kehityksen heikentäminen ei kuitenkaan ole ylitsepääsemätön este niiden hyväksymiselle yleisesti hyväksytyksi vaihdon välineeksi. Jos luottamus kansalliseen rahaan katoaa, sen arvo voi romahtaa hyperinflaation myötä nollaan. Kansallisen rahan hyperinflaatiossa, sen arvo romahtaa ensin suhteessa yhteiskunnan likvideimpiin hyödykkeisiin ja kauppatavaroihin, kuten kultaan tai vieraaseen valuuttaan, kuten Yhdysvaltain dollariin, mikäli niitä on enää edes saatavilla. Hyperinflatorinen raha romahtaa reaalihyödykkeisiin, kuten kiinteistöihin ja perushyödykkeisiin nähden, kun likvidejä hyödykkeitä ei ole saatavilla tai niiden tarjonta on rajallista. Hyperinflaation vertauskuva on ruokakauppa, jossa hyllyt kumisevat tyhjyyttään kuluttajien paetessa kansallisen rahan nopeasti tuhoutuvaa arvoa mihin tahansa – vielä, kun sillä jotain voi saada.

Lopulta, kun usko romahtaa hyperinflaation aikana tyystin, kukaan ei enää hyväksy kansallista rahaa maksuvälineenä, ja yhteiskunta palaa joko vaihtokauppataloudeksi tai aiempi rahayksikkö korvataan kokonaan vaihdon välineenä. Zimbabwen dollarin korvautuminen Yhdysvaltain dollarilla on tästä hyvä esimerkki. Kansallisen rahan korvaamista ulkomaisella rahalla vaikeuttaa ulkomaisen rahan niukkuus ja likviditeettiä ylläpitävien ulkomaisten pankkien puuttuminen yhtälöstä.

Mahdollisuus siirtää bitcoinia helposti kansallisista rahoista ja luotettavista kolmansista osapuolista riippumatta tekevät bitcoinista ihanteellisen rahahyödykkeen hyperinflaatiosta kärsiville. Tulevina vuosina, kun fiat-rahojen arvo jatkaa historiallista kehitystään kohti nollaa, bitcoinista tulee aiempaa suositumpi vaihtoehto maailman ihmisten säästöjen pakopaikkana. Kansallisen rahan hylkääminen ja korvaaminen bitcoinilla tarkoittaa, että bitcoinista on tullut tuossa yhteiskunnassa arvon säilyttäjän lisäksi yleisesti hyväksytty vaihdon väline. Daniel Krawisz keksi kutsua tätä kehitysvaihetta hyperbitcoinisaatioksi.[41]

[41] http://bullishcaseforbitcoin.com/references/hyperbitcoinization

LUKU 5

UUSI RAHAPERUSTA

YLEISET VÄÄRINKÄSITYKSET

Olemme tähän mennessä keskittyneet pääasiassa bitcoinin rahallisen luonteen tarkasteluun. Seuraavaksi käsittelemme joitakin yleisimpiä väärinkäsityksiä tästä vallankumouksellisesta rahahyödykkeestä.

ONKO BITCOIN KUPLA?

Bitcoinilla on rahallinen preemio, joka on saanut jotkut pohtimaan sitä, onko kyseessä vain kupla. *Kaikilla* rahahyödykkeillä on kuitenkin rahapreemio. Juuri tämä preemio (ei vain käyttökysyntään perustuva hinta) on kaikkien rahayksiköiden ominaispiirre. Näin ollen voidaan sanoa, että raha on aina ja kaikkialla kupla. Paradoksaalista kyllä, rahahyödyke on sekä kuplamainen että *aliarvostettu* omaisuuserä, jos se on vasta sen rahallistumisen alkuvaiheessa.

ONKO BITCOIN LIIAN EPÄVAKAA ARVON SÄILYTTÄJÄKSI?

Bitcoinin hinnan heilunta eli volatiliteetti johtuu sen orastavasta luonteesta. Ensimmäisinä elinvuosinaan bitcoin käyttäytyi kuin senttiosake, ja jokainen suuri ostaja, kuten Winklevossin veljekset, saattoi aiheuttaa milloin tahansa suuren hintapiikin. Omaksumisen edistyessä ja likviditeetin kasvaessa bitcoinin volatiliteetti on vastaavasti vähentynyt. Bitcoinin volatiliteetin pitäisi muistuttaa kultaa sen saavuttaessa kullan markkina-arvon. Bitcoinin ylitettyä kullan markkina-arvon, sen volatiliteetti laskee tasolle, joka tekee siitä sopivan laajasti käytetyksi vaihdon välineeksi. Bitcoinin rahallistuminen tapahtuu Gartnerin hypesyklien sarjana, kuten aiemmin todettiin. Volatiliteetti on alhaisimmillaan hypesyklin tasankovaiheessa ja korkeimmillaan syklin huippu- ja romahdusvaiheen välillä ylimitoitettujen odotusten petettyä. Jokaisessa hypesyklissä volatiliteetti on matalampi kuin aiemmissa sykleissä, koska markkinoiden likviditeetti on kasvanut.

ONKO BITCOIN LIIAN KALLISTA?

Bitcoiniin tutustuvien vasta-alkajien yleisin valituksen aihe on, että yksittäisen bitcoinin hinta on liian korkea ja bitcoin on liian kallista. Tämä johtuu useimmiten väärinkäsityksestä, että bitcoinia voi ostaa vain kokonaisina yksikköinä eikä pienemmillä murto-osilla ole merkitystä. Itse asiassa bitcoinin jaettavuus mahdollistaa sen, että sijoittajat voivat ostaa bitcoinia mitättömillä summilla, kuten yhdellä eurolla. Muissa tapauksissa halu omistaa kokonainen bitcoin on seurausta ihmisen psykologisesta taipumuksesta, joka tunnetaan yksikköharhan nimellä. Yksikköharha on sitä, että ihminen haluaa suorittaa tehtävän tai saavuttaa jonkin tavoitteen kokonaisuudessaan, ja tutkimukset ovat osoittaneet, että yksikköharha saa meidät syömään liikaa, kun ajattelemme, että meidän on pakko syödä lautanen tyhjäksi.[42]

Halu omistaa kokonainen jonkin kryptovaluutan yksikkö saa monet sijoittajat virheellisesti luulemaan, että jotkin muut kryptovaluu-

[42] http://bullishcaseforbitcoin.com/references/unit-bias

tat ovat bitcoinia edullisempia, koska niiden yksittäisten kokonaisten yksiköiden hinta on matalampi. Monien bitcoinin kilpailijoiden edullisempi yksikköhinta johtuu kuitenkin niiden huomattavasti suuremmasta yksikkötarjonnasta. Yksikkötarjonta on täysin mielivaltainen, eikä sillä sinänsä ole mitään merkitystä valuutan arvoon. Sijoittajien ei pitäisi keskittyä niinkään yksittäisten bitcoin-yksiköiden hintaan, vaan bitcoinin markkina-arvoon ja likviditeettiin; bitcoinin paljon suurempi markkina-arvo ja huomattavasti parempi likviditeetti ovat osoitus sen vahvemmista verkostovaikutuksista ja etulyöntiasemasta arvon säilyttäjänä.

Tähän liittyy myös ajatus siitä, että suurin osa bitcoinin tuotoista on pikemminkin historiallisia tuottoja kuin tulevia tuottoja, mikä johtuu sen huikeasta nousu-urasta ja saa monet vasta-alkajat ajattelemaan, että he ovat jo eittämättä myöhässä. Rahallistuvan taloudellisen hyödykkeen varhaisimmat omaksujat nauttivat luonnollisesti suurimmista taloudellisista voitoista (olettaen, että he ovat kyenneet pitämään sen hallussaan pidemmän aikaa), mutta tämä ei kuitenkaan tarkoita sitä, että myöhäisempien omaksujien tuotot olisivat välttämättä huonoja. Taloudelliset tuotot pienenevät ajan myötä, kun uuteen rahahyödykkeeseen virtaavien säästöjen määrä hidastuu ja lopulta vähenee. Bitcoinin kohdemarkkinat kattavat kuitenkin kaikkien arvon säilyttäjien muodostaman universumin, jonka arvo on satoja biljoonia euroja ja johon kuuluvat niin kulta-, joukkovelkakirja-, kiinteistö- ja taidemarkkinat. Bitcoin ei selvästikään ole vielä onnistunut valloittamaan koko markkinaa. Jopa siinä tapauksessa, että bitcoinista tulee maailman varantovaluutta ja säästöjen virta bitcoiniin vakiintuu, sen haltijat nauttivat edelleen taloudellisista tuotoista, jotka ovat verrannollisia sen maailmantalouden tuottavuuteen, jossa bitcoinista on tullut talouden laskentayksikkö ja arvon mitta.

OVATKO SIIRTOPALKKIOT LIIAN KORKEAT?

Bitcoin-verkkoa on viime aikoina kritisoitu siitä, että bitcoinien siirtämisestä perittävien siirtopalkkioiden nousu tekee siitä hyödyttömän maksujärjestelmänä. Siirtopalkkioiden kasvu on kuitenkin tervettä ja odotettua. Siirtopalkkiot ovat kustannus, jonka louhijat saavat palkkioksi siitä, että he turvaavat bitcoin-verkon vahvistamalla siirtotapahtumat eli liiketoimet. Bitcoin-louhijoille maksetaan korvaus, joka koostuu siirtopalkkioiden ja lohkotuen muodostamasta kokonaissummasta, joka on nyt bitcoinia hallussaan pitävien louhijoille maksama inflatorinen korvaus verkolle tarjotusta turvallisuuspalvelusta.[43]

Bitcoinin tarjonta on luonteeltaan täysin kiinteä (rahapolitiikan muoto, joka tekee bitcoinista ihanteellisen arvon säilyttäjän), joten lopulta lohkotuki painuu nollaan, ja verkon toiminta on viime kädessä turvattava siirtopalkkioilla. Verkko, jossa maksut ovat "alhaiset", on verkko, jonka turvallisuus on heikko ja joka on altis ulkoiselle sensuurille. Ne, jotka mainostavat bitcoinille väitetysti vaihtoehtoisten kryptovaluuttojen matalia siirtopalkkioita, kuvaavat tiedostamattaan näiden niin sanottujen vaihtoehtoisten kryptovaluuttojen erästä merkittävää heikkoutta.

Bitcoinin "korkeisiin" siirtopalkkioihin kohdistuvan kritiikin perusta on uskomus, jonka mukaan bitcoinin pitäisi olla ensin maksujärjestelmä ja vasta sen jälkeen arvon säilyttäjä. Tämä uskomus on nurinkurinen, kuten olemme nähneet aiemmin rahan syntyä tutkiessamme. Vasta kun bitcoinista tulee vakiintunut arvon säilyttäjä, se soveltuu myös vaihdon välineeksi. Lisäksi kun kaupankäynnin vaihtoehtoiskustannukset saavuttavat tason, jolla se soveltuu käytettäväksi vaihdon välineenä, suurin osa vaihdannasta ei tapahdu itse bitcoin-verkossa vaan pikemminkin toisen tason verkoissa, joissa maksamisen siirtopalkkiot ovat paljon matalammat. Toisen kerroksen verkko tarjoaa osapuolille mahdollisuuden siirtää bitcoineja bitcoin-lohkoketjun ulkopuolella (lähettämättä jokaista siirtotapahtumaa bitcoin-verkkoon ja kirjaamatta niitä lohkoketjuun) – ja lopulta tilitys tapahtuu jossain vaiheessa lohkoketjussa. Toisen kerroksen verkon käyttö mahdollistaa paljon suuremman määrän edullisia ja nopeita siirtotapahtumia verrattuna ensimmäiseen kerrokseen.

---

[43] Suom. huom. – https://medium.com/brandin-kirjasto/kuka-maksaa-louhijoille-c01a1fd2a517

Toisen kerroksen ratkaisut, kuten Salamaverkko (Lightning Network), ovat nykyaikainen vastine velkasitoumuksille, joita käytettiin kullan siirtämiseen 1800-luvulla. Pankit käyttivät velkasitoumuksia, koska niiden perustana olevan kultaharkon siirtäminen oli paljon kalliimpaa kuin kullan omistusoikeutta edustavan vaihtolapun siirtäminen. Salamaverkko mahdollistaa kuitenkin bitcoinien edullisen siirtämisen ja vaatii vain vähän tai ei lainkaan luottamusta kolmansiin osapuoliin, kuten pankkeihin tai velkasitoumusten kunnioittamiseen. Salamaverkon kehittäminen on erittäin tärkeä teknologinen innovaatio bitcoinin historiassa, ja sen arvo kasvaa, kun sitä kehitetään ja otetaan laajemmin käyttöön tulevina vuosina.

KULUTTAAKO BITCOIN LIIKAA SÄHKÖÄ?

Bitcoin-verkon energiankulutus, jota tarvitaan louhintaan, on herättänyt kritiikkiä monissa bitcoinia vastustavissa. Heidän mukaansa bitcoinilla on yksinomaan tai pääasiassa erilaisia kielteisiä vaikutuksia ympäristöön. Yleinen väite on, että bitcoin-verkko kuluttaa enemmän sähköä kuin jokin pienehkö kansallisvaltio, mikä viittaa siihen, että bitcoin on jollakin tavoin väärä tai puutteellinen. Cambridge Center for Alternative Finance -tutkimuslaitoksen mukaan tätä kirjoitettaessa bitcoin-verkko kuluttaa vuosittain noin 150 terawattituntia energiaa.[44] Huolestuneet sijoittajat voivat perustellusti kysyä, miten yhteiskunnat suhtautuvat näin merkittävään energiankulutukseen tulevaisuudessa ja voiko tämä muodostaa poliittisen uhan bitcoinin jatkuvuudelle.

Poliitikkojen ja sijoittajien on kuitenkin analysoitava huomattavasti kriittisemmin bitcoinin energiankulutusta. Puolueettomassa analyysissä olisi huomioitava muun muassa seuraavat seikat: bitcoinin energiankulutuksen syyt ja se, onko bitcoinin energiankulutus ympäristölle haitallista, syrjäyttääkö bitcoin-louhinnan energiankulutus muita (tärkeämpiä) käyttötarkoituksia, ja ennen kaikkea yhteiskunnan saama hyöty, jonka bitcoin-louhinnan energiankäyttö luo. Tässä yhteydessä pyrin tarkastelemaan näitä seikkoja vertailemalla bitcoinia

[44] http://bullishcaseforbitcoin.com/references/mccook-article

sen tärkeimpiin kilpailijoihin nähden. Bitcoinin lähimmät kilpailijat arvon säilyttäjänä ja sen siirtojärjestelmänä ovat kulta ja erilaiset globaalit fiat-rahajärjestelmät.

Kullan louhinnan ympäristövaikutukset ovat merkittäviä ja ilmeisiä.

Hass McCookin vuonna 2014 tekemässä selvityksessä, jossa hän tarkasteli kullan louhinnasta kirjoitettuja vertaisarvioituja tutkimuksia, päädyttiin siihen, että kullan tuotannon vuotuinen energiankulutus on noin 132 terawattituntia.[45] Vaikka pinnallisesti näyttää siltä, että bitcoinin ja kullan energiankulutus on samankaltaista, kullan louhinnan ympäristövaikutukset ovat huomattavasti suuremmat kuin bitcoinin ympäristövaikutukset. International Journal of Environmental Research and Public Health -tiedelehdessä julkaistussa Muibat Omotola Fasholan ja kumppanien julkaisemassa tutkimuksessa sanotaan, että "[kullan] louhinta voi johtaa suuriin määriin raskasmetallipitoista jätettä, jotka vapautuvat hallitsemattomasti ja aiheuttavat ekosysteemin laajaa saastumista."[46] Bitcoin-louhinta sitä vastoin edellyttää vain sellaisten tietokoneiden käyttöä, joilla bitcoinin louhintaohjelmisto toimii ja jotka si-

[45] http://bullishcaseforbitcoin.com/references/mccook-article

[46] http://bullishcaseforbitcoin.com/references/gold-mining-impact

Bitcoin-louhintalaitos

jaitsevat suurissa datakeskuksissa, jotka muistuttavat Googlen, Metan ja Microsoftin vastaavia. Lisäksi toisin kuin kullan louhinta, jonka on välttämättä tapahduttava lähellä kultamalmia prosessin ja sen tuotosten fyysisen luonteen takia, bitcoin-louhinta voi tapahtua missä päin maailmaa tahansa, kunhan sähköenergiaa on saatavilla ja internetyhteys toimii. Bitcoin-louhinta yhdistettynä siihen, että bitcoinia voidaan siirtää nopeasti, edullisesti ja helposti, houkuttelee bitcoin-louhintaa turvautumaan liikaa energiaa tuottaviin energianlähteisiin, jotka tuottavat muuten hukkaan menevää ylijäämäenergiaa. Merkittävä esimerkki ylikapasiteetista ovat Kiinan Sichuanin maakunnan vesivoimalat, jotka ovat historiallisesti olleet eräs bitcoin-louhinnan suurimmista keskittymistä. Thomson Reutersin toimittaja David Stanway kirjoittaa, että "Sichuan korostaa asiaa. Vesivoiman kokonaismäärä oli yli 75 gigawattia vuonna 2017, mikä on enemmän kuin useimmissa Aasian maissa. Se on myös yli kaksinkertainen verrattuna maakunnan sähköverkon kapasiteettiin, mikä tarkoittaa paljon hukkaan heitettyä energiaa."[47]

Ylimääräistä energiaa voidaan siirtää muualle käytettäväksi vain

[47] http://bullishcaseforbitcoin.com/references/hydro-article

rajoitetusti, koska sähköverkko ei kykene siirtämään sähköenergiaa loputtomia matkoja sähkön kuluttajille. Bitcoin-louhinta voi pelastaa muutoin hukkaan joutuvan energian ja muuntaa sen digitaaliseksi hyödykkeeksi, jota voidaan helposti siirtää ympäri maailmaa. Näin bitcoin-louhinta on keino vapauttaa ylijäämäenergiaa, jonka tuottaminen ei muuten olisi taloudellisesti kannattavaa tai joka menisi hukkaan, koska sitä käytettäisiin vain rajoitetusti lähellä sen tuotantopaikkaa. Lisäksi monet ylijäämäenergiaa tuottavat energialähteet ovat uusiutuvia, eivätkä ne vaikuta merkittävästi maailmanlaajuisiin hiilidioksidipäästöihin. Esimerkkeinä voidaan mainita edellä kuvattu vesivoiman käyttö Kiinassa ja bitcoin-louhijoiden hyödyntämä geoterminen energia Islannissa. Näin ollen bitcoin on ympäristön kannalta nettopositiivinen, koska se tekee uusiutuvan energian tuotannosta kannattavampaa ja lisää kannustimia kasvattaa uusiutuvien energianlähteiden tuotantoa entisestään. CoinShares Researchin vuonna 2019 tekemässä tutkimuksessa päädyttiin siihen, että "varovainen arvio uusiutuvien energialähteiden osuudesta bitcoin-louhinnan energialähteiden yhdistelmässä [on] 74,1 prosenttia, mikä tekee bitcoin-louhinnasta enemmän uusiutuvia energialähteitä hyödyntävää kuin melkein mistä tahansa muusta suuren skaalan teollisuudenalasta maailmassa."[48]

Vertailtaessa bitcoin-louhinnan ympäristökustannuksia fiat-rahajärjestelmiin on tunnustettava, että huomioon ei pidä ottaa pelkästään rahoitusinfrastruktuuria, vaan myös poliittiset kustannukset, jotka tekevät rahajärjestelmästä riittävän uskottavan, jotta kansalaiset voivat luottaa siihen. Historia on pullollaan esimerkkejä valtioista, joiden raha- ja rahoitusjärjestelmät romahtivat, kun maat ajautuivat poikkeustilaan tai kriisiin. Mikään suvereeni rahajärjestelmä ei selviäisi hetkeäkään ilman armeijaa, joka turvaisi maarajat, ja ilman poliisia, jotka turvaavat omistusoikeudet. Tähän verrattuna bitcoin on ylivoimainen ei-poliittisena omaisuuden turvaajana. Siinä missä suvereenit rahajärjestelmät vaativat olemassaolonsa turvaamiseksi pakkokeinoja

[48] http://bullishcaseforbitcoin.com/references/coinshares-paper-1

(eli valtiota), bitcoin tarjoaa perustan uudelle rahajärjestelmälle, jossa kansallisvaltion ei tarvitse ylläpitää kansalaisten omistusoikeuksia. Bitcoineja hallussaan pitävällä yksilöllä on ikään kuin "superomistusoikeus", eli omistusoikeus arvokkaaseen hyödykkeeseen, jonka hallinta ja käyttö ohittaa valtiollisen päätöksenteon.[49]

Lopulta bitcoin-verkon kuluttama energia on verrannollinen maailman ihmisten kysyntään hyödyntää vapaata, avointa ja turvallista säästämis- ja kaupankäyntijärjestelmää ja järjestelmän heille tuottamaan hyötyyn. "Bitcoinin mahdollistaman vaihdannan hyöty tulee olemaan paljon suurempi kuin [louhintaan] käytetyn sähkön hinta. Siispä maailma ilman bitcoinia olisi nettohäviötä", Satoshi Nakamoto selitti.[50]

Niille, jotka elävät raakalaismaisten ja pahantahtoisten valtiollisten toimijoiden kuristusotteessa, bitcoinin hyöty on enemmän kuin teoreettista pohdiskelua, ja sen käyttäminen voi olla elämän ja kuoleman kysymys. New York Timesissa julkaistussa mielipidekirjoituksessaan venezuelalainen taloustieteilijä Carlos Hernández selitti bitcoiniin turvautumisen auttaneen häntä selviytymään hyperinflaatiosta ja tarjosi hänen veljelleen mahdollisuuden paeta Venezuelasta menettämättä kaikkia säästöjään.

> Rajoilla partioivat Venezuelan sotilaat ovat tunnettuja siitä, että he takavarikoivat maasta poistumaan pyrkivien ihmisten rahat, mutta Juanin rahat, jotka hän oli muuntanut bitcoiniksi, olivat saatavissa vain hänen ulkoa muistamallaan salasanalla. "Rajaton raha" on enemmän kuin pelkkä pöhinäsana meille, jotka elämme keskellä romahtavaa taloutta ja diktatuuria.[51]

---

[49] Suom. huom. – https://medium.com/brandin-kirjasto/miten-salausmenetelm%C3%A4t-m%C3%A4%C3%A4rittelev%C3%A4t-yksityisomaisuuden-uudelleen-a93537222345, https://medium.com/brandin-kirjasto/bitcoin-ja-itsen%C3%A4isten-omistusoikeuksien-lupaus-b70876c3e1df

[50] http://bullishcaseforbitcoin.com/references/satoshi-electricity-quote

[51] http://bullishcaseforbitcoin.com/references/venezuela-story

VOITTAAKO TOINEN KRYPTOVALUUTTA BITCOININ RAHAKILPAILUSSA?

Bitcoin on avoimen lähdekoodin ohjelmistoprotokolla, jonka kuka tahansa voi ladata maksutta verkosta ja tehdä siihen mitä tahansa haluamiaan muutoksia. Bitcoinin ohjelmistoa on siis aina ollut mahdollista kopioida ja yrittää jäljitellä sen verkostoa. Vuosien varrella on luotu lukemattomia kopioita, jotka vaihtelevat Litecoinin kaltaisista korvikejäljitelmistä Ethereumin kaltaisiin monimutkaisiin muunnelmiin, jotka lupaavat tarjota mielivaltaisen monimutkaisten sopimusjärjestelyjen solmimisen hajautetun laskentajärjestelmän avulla. Bitcoinia kritisoidaan usein siitä, että se ei säilytä arvoaan, koska kilpailijoita on niin äärimmäisen helppoa luoda ja uudet kilpailijat voivat tehdä asioita bitcoinia paremmin, innovoida nopeammin ja tehostaa milloin mitäkin piirrettä.

Tällaisen väitteen virhe piilee siinä oletuksessa, että kryptovaluutat kilpailevat teknologisilla ominaisuuksillaan, vaikka tosiasiassa ne kilpailevat *rahallisilla* ominaisuuksillaan. Teknologialla on arvoa vain siinä, että se vahvistaa kryptovaluutan rahallisten ominaisuuksien, kuten niukkuuden, uskottavuutta. Tässä mielessä yksinkertainen, hyvin testattu ja vakaa teknologia on parempi vaihtoehto kuin uusi ja erikoinen innovaatio, vaikka se saattaakin ensisilmäyksellä vaikuttaa tylsältä.

Lisäksi vuosien varrella luoduista lukuisista bitcoinin kilpailijoista puuttuu ensimmäisen ja hallitsevan teknologian verkostovaikutukset. Verkostovaikutukset – bitcoinin kasvava kysyntä ja arvo pelkästään siksi, että se on jo nyt hallitseva rahaverkko – on ominaisuus jo sinänsä. Kaikissa teknologioissa, jotka nauttivat verkostovaikutuksista, se on ylivoimaisesti tärkein ominaisuus.

Bitcoinin verkostovaikutukset käsittävät sen markkinoiden likviditeetin, sitä omistavien ihmisten määrän sekä sen ohjelmistoa ja tunnettuutta ylläpitävän ja parantelevan kehittäjäyhteisön.[52] Suursijoittajat, myös kansallisvaltiot, pyrkivät mahdollisimman likvideille markkinoille, jotta ne voivat tulla markkinoille ja poistua niiltä nopeasti vaikuttamatta juurikaan omaisuuserän hintaan. Kehittäjät hakeutuvat luonnostaan hallitsevaan kehittäjäyhteisöön, jossa on eniten lahjakkaita kehittäjiä, mikä vahvistaa tällaista kehittäjäyhteisöä entisestään ja tekee siitä aiempaa vahvemman. Myös brändin tunnettuus vahvistaa luonnostaan itseään: bitcoinin mahdolliset kilpailijat mainitaan aina vain suhteessa bitcoiniin ja sen hallitsevaan markkina-asemaan.

OVATKO HAARAUMAT UHKA BITCOINILLE?

Vuodesta 2017 alkaen bitcoin-ohjelmiston jäljittelyn yleisyyden lisäksi on ollut suosittua kopioida myös bitcoinin aiempien siirtotapahtumien koko historia (lohkoketju). Jäljittelijät ratkaisivat uusien polettien jakeluun liittyvät moninaiset haasteet kopioimalla bitcoin-lohkoketjun tiettyyn pisteeseen asti ja jakamalla sen sitten uudeksi kryptoverkoksi haaraumana kutsutussa tapahtumassa.

Merkittävin tällainen (ehdoton) haarauma tapahtui 1. elokuuta 2017, jolloin luotiin uusi Bitcoin Cash (BCash) -niminen kryptoverkko. *N*:n bitcoinin omistaja ennen 1. elokuuta 2017 omisti haarauman jälkeen sekä *N* kappaletta bitcoinia että *N* kappaletta BCash-poletteja. BCashin kannattajien pieni mutta äänekäs yhteisö yritti väsymättä anastaa bitcoinin aseman kukkulan kuninkaana sekä nimeämällä uuden

[52] Suom. huom. – https://medium.com/brandin-kirjasto/bitcoinin-seitsem%C3%A4n-verkostovaikutusta-5d9588d88a9f

Tienhaara

verkkonsa harhaanjohtavasti että kampanjoilla, joilla yritettiin vakuuttaa vasta-alkajat siitä, että BCash oli "oikea" bitcoin. Nämä viritelmät epäonnistuivat, ja BCash-verkon suhteellisen pieni absoluuttinen markkina-arvo ja sen markkina-arvo suhteessa bitcoiniin todistavat sen epäonnistuneen tavoitteessaan. Uusien sijoittajien kannalta on kuitenkin ilmeinen riski, että kilpailija saattaa kloonata bitcoinin ja sen lohkoketjun, ja onnistua ohittamaan bitcoinin markkina-arvon, jolloin siitä tulisi *de facto* bitcoin.[53]

Bitcoin- ja Ethereum-verkoissa tapahtuneista suurista haaraumista on saatu tärkeä oppitunti. Suurin osa markkina-arvosta päätyy siihen verkkoon, jossa on parhain ja aktiivisin kehittäjäyhteisö. Vaikka bitcoinia voidaankin pitää kehittyvänä rahan muotona, se on myös ohjelmiston varaan rakennettu tietokoneverkko, jota on ylläpidettävä ja paranneltava. Polettien ostaminen verkosta, jonka kehittäjäyhteisö on pieni tai kokematon, muistuttaa tilannetta, jossa ostaisit Microsoft Window-

[53] Suom. huom. – Lohkokokosotaa käytiin vuosina 2015–2017. Tämä ajanjakso oli tärkeä bitcoinin kehityksen kannalta, kun niin sanotut pienlohkolaiset ja suurlohkolaiset taistelivat bitcoinin protokollasääntöjen hallinnasta. Erinomainen johdanto tämän ajanjakson tapahtumiin on Jonathan Bierin teos Lohkokokosota: Taistelu Bitcoinin protokollasääntöjen hallinnasta, ks. https://www.amazon.com/Lohkokokosota-Taistelu-Bitcoinin-protokollas%C3%A4%C3%A4nt%C3%B6jen-hallinnasta-ebook/dp/B0B1K82BWQ/

sin kloonin, jota Microsoftin parhaat kehittäjät eivät tue. Vuonna 2017 tapahtuneiden haaraumien historiasta käy selvästi ilmi, että parhaat ja kokeneimmat tietojenkäsittelytieteilijät, kryptograafikot ja ohjelmistokehittäjät ovat sitoutuneet alkuperäisen bitcoinin kehittämiseen lukemattomien kloonien sijaan.

ONKO BITCOIN TOSIAAN NIUKKAA?

Bitcoin-verkossa bitcoinien kokonaismäärä on rajoitettu enintään 21 miljoonaan, mutta jotkut ovat väittäneet, että koska bitcoin-ohjelmisto on helposti kopioitavissa ja sen lohkoketju haarautettavissa, uusien polettien luominen useissa jäljitelmäverkoissa viittaa bitcoinin niukkuuden olevan näennäistä. Tämän väärinkäsityksen valossa jokainen Mona Lisasta tehty kopio heikentäisi alkuperäisen ainutlaatuisuutta. Pikemminkin jokainen kopio Leonardo da Vincin mestariteoksesta vain havainnollistaa, että on olemassa vain yksi oikea Mona Lisa. Vastaavasti jokainen bitcoinista tehty kopio havainnollistaa, että on olemassa vain yksi verkko, jonka verkostovaikutukset ovat hallitsevat, brändi tunnetaan ja joka mahdollistaa miljardien eurojen arvonsiirrot kellon ympäri vuoden jokaisena päivänä.

TODELLISET RISKIT

Vaikka bitcoiniin kohdistuva yleinen kritiikki on aiheetonta ja perustuu virheelliseen käsitykseen rahasta, bitcoiniin sijoittamiseen liittyy todellisia ja merkittäviä riskejä. Vasta-alkavan bitcoinaajan olisi hyvä ymmärtää nämä asiat ja punnita näitä riskejä pohtiessaan bitcoiniin sijoittamista.

PROTOKOLLARISKI

Bitcoin-protokollassa ja sen perustana olevissa kryptografisissa algoritmeissa voi olla suunnitteluvirhe tai ne voivat muuttua turvattomiksi kvanttitietokoneiden ja -laskennan kehittyessä. Jos protokollassa havaittaisiin virhe tai jos jokin uusi menetelmä rikkoo bitcoinin perustana olevat kryptografiset turvamekanismit, usko bitcoiniin arvon säilyttäjänä voi vaarantua merkittävästi. Protokollariski oli suurimmillaan bitcoinin kehityskaaren alkuvuosina, jolloin kokeneillekin kryptograafikoille oli vielä epäselvää, oliko Satoshi Nakamoto todella keksinyt ratkaisun bysanttilaisen kenraalin ongelmaan. Huoli bitcoinprotokollan vakavista puutteista on vuosien kuluessa hälventynyt, kun lukuisat yritykset murtaa protokolla eivät ole onnistuneet ja havaitut todelliset puutteet on löydetty ja korjattu. Lisäksi protokollan kehittäjät ovat olleet tietoisia kvanttilaskennan riskeistä jo vuosia ja selvitelleet mahdollisia ratkaisuja, jos (ja kun) tällaiset laskentamenetelmät kehittyvät riittävästi.[54] Bitcoinin teknologisen luonteen vuoksi protokollariski on kuitenkin aina olemassa, joskin enää vain poikkeuksellisena riskinä.

VALTIOLLISEN HYÖKKÄYKSEN RISKI

Valtiollisen hyökkäyksen uhka on leijunut bitcoinin yllä harmaan pilven lailla jo sen synnystä lähtien ja se on edelleen vakavin ja ajankohtaisin riski, johon sijoittajien on varauduttava ja jota bitcoinaajan on punnittava. Joulukuussa 2010 Bitcointalk-keskustelualueelle lähettämässään viestissä Satoshi Nakamoto harmitteli, että valtiosalaisuuksien julkaisemisesta tunnettu Wikileaks-sivusto harkitsi lahjoitusten keräämistä bitcoinin avulla. Nakamoto selitti, että Wikileaksin bitcoinin mahdollisen käytön synnyttämä huomio oli epätoivottua, koska hänen luomansa järjestelmä oli niin alkuvaiheessa, ettei se vielä kestäisi hyvin suunniteltua valtiollista hyökkäystä. Bitcoinin hajautettu ja avoin luonne houkutteli kuitenkin jo varhain joitakin ihmisiä hyödyntämään sitä kielletyissä ja laittomissa tarkoituksissa, kuten helmikuussa 2011 perustetun pahamaineisen Silk Road -markkinapaikan esimerkki osoittaa. Juuri Silk Road sai amerikkalaiset poliitikot, viranomaiset ja sääntelijät kiinnostumaan bitcoinista. Esimerkiksi Länsi-Virginian demokraattisenaattori Joe Manchin vetosi julkisesti liittovaltion sääntelijöihin bitcoinin kieltämiseksi vuonna 2014. Hän kirjoitti:

[54] http://bullishcaseforbitcoin.com/references/quantum-computing

> Bitcoinin anonyymiyden vuoksi virtuaalimarkkinat ovat olleet erittäin houkuttelevia hakkereille ja huijareille miljoonien varastamiseksi bitcoinaajilta. Anonymiteetti yhdistettynä bitcoinin kykyyn tilittää lopullisesti siirtotapahtumat nopeasti tekevät vilpillisten liiketoimien peruuttamisesta hyvin vaikeaa, ellei mahdotonta.
>
> Bitcoinista on myös tullut yksilöille suojasatama mustan pörssin tuotteiden ostamiseen. Ihmiset voivat ostaa nimettömänä laittomasti esimerkiksi huumausaineita ja aseita. Olen jo kerran kirjoittanut sääntelyviranomaisille nyt suljetusta Silk Roadista, joka toimitti vuosia huumeita ja muita mustan pörssin tuotteita rikollisille suurelta osin bitcoinin luomisen ansiosta.[55]

Manchin uskoi virheellisesti, että bitcoin soveltuu erinomaisesti laittomaan toimintaan, koska se on anonyymi. Todellisuudessa bitcoinlohkoketju on julkinen ja avoin, minkä ansiosta viranomaiset voivat käyttää lohkoketjuanalyysiohjelmistoja bitcoin-siirtojen jäljittämiseen vuosia niiden tapahtumisen jälkeen.

Lohkoketjuanalytiikan kehittyminen ja sen hyödyntäminen useiden merkittävien rikostapausten selvittämisessä on vähentänyt syytöksiä, joiden mukaan bitcoin on anonyymi ja käytännössä vain rikollisten käytössä. Vuosien kuluessa on käynyt ilmi, että suurin bitcoinin kysyntä on pikemminkin säästämisen, sijoittamisen ja spekulaation väline kuin laittomuudet. Toisaalta bitcoinin käyttö arvon säilyttäjänä heikentää minkä tahansa kansallisvaltion keskeisintä suvereenia toimintavaltaa: valtaa rahapolitiikasta ja mahdollisuuksia manipuloida rahan tarjontaa. Huoli rahapolitiikan hallinnan menetyksestä tarjoaa lähes kaikille valtioille jatkuvan syyn haukkua, arvostella ja vähätellä bitcoinia.

Valtion hyökkäys bitcoinia vastaan voi tapahtua monella eri tavalla: sen käyttöä voitaisiin säännellä ankarasti, esimerkiksi pakottamalla käyttäjät ilmoittamaan siirrettävien bitcoinien vastaanottajan henkilöl-

[55] http://bullishcaseforbitcoin.com/references/manchin-letter

lisyys luotettavalla tavalla ennen niiden siirtämistä, tai tekemällä pelkästä bitcoinin omistamisesta rikollista tai jopa yrittää pakottaa käyttäjät luovuttamaan bitcoinit valtiolle. Vaikka mielivaltaisten takavarikoiden uhka saattaa vaikuttaa kaukaa haetulta, maailmanhistoriasta löytyy ennakkotapauksia, joissa valtiot ovat heikentäneet kansalaisten omistusoikeuksia monin eri tavoin. Vuonna 1933 Yhdysvaltain presidentti Franklin D. Roosevelt, joka yritti näennäisesti lievittää suuren laman aiheuttamia tuhoja, antoi presidentin asetuksen 6102, jossa hän määräsi Yhdysvaltain kansalaiset myymään kultansa valtiolle ja teki kullan omistamisesta laitonta. Kullan siirtämiseen, turvaamiseen ja analysointiin liittyvien vaikeuksien vuoksi kullan omistajilla oli taipumus säilyttää kultansa pankkien ja muiden rahoituslaitosten hoivissa, mikä tarjosi Yhdysvaltain hallitukselle helpomman ja yksinkertaisemman keinon ottaa kansalaisten kulta hallintaan.

Bitcoinin kannalta vastaavien toimenpiteiden toimeenpano on kuitenkin haastavampaa: digitaalisena ja hajautettuna bitcoin on osoittanut huomattavaa kestävyyttä, vaikka eri valtiot ovat yrittäneet säännellä tai kieltää sen käytön. Kryptovaluuttapörssit, joissa bitcoineja vaihdetaan fiat-valuuttoihin, ovat kuitenkin luonteeltaan hyvin keskitettyjä ja alttiita sääntelylle ja rajoitustoimille. Bitcoinin muuttaminen fiat-rahaksi hidastuisi pahasti ilman näitä keskitettyjä toimijoita ja pankkijärjestelmän halukkuutta olla yhteistyössä näiden toimijoiden kanssa. Vaikka bitcoinille on tarjolla vaihtoehtoisia likviditeetin lähteitä, kuten markkinapaikat bitcoinien ostamista ja myymistä varten, niin tärkein osa hinnanmuodostuksesta tapahtuu kaikista likvideimmissä pörsseissä – jotka ovat kaikki keskitettyjä.

Kryptovaluuttapörssien sulkemisriskin hallitseminen on lainsäädännöllistä arbitraasia. Kiinasta alkunsa saanut Binance, joka on tällä hetkellä yksi suurimmista kryptovaluuttapörsseistä maailmassa, siirsi pääkonttorinsa ensin Japaniin ja sen jälkeen Maltalle, kun Kiinan hallitus lopetti sen toiminnan Manner-Kiinassa. Hallitukset ovat jossain määrin haluttomia täysin tukahduttamaan kehittyvää toimialaa, jonka merkitys saattaa osoittautua internetin veroiseksi. Kryptotoimialan

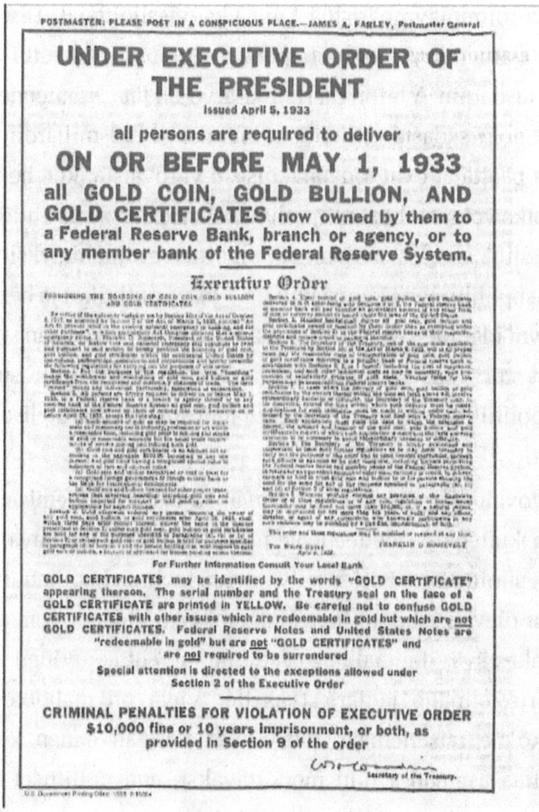

POSTMASTER: PLEASE POST IN A CONSPICUOUS PLACE.—JAMES A. FARLEY, Postmaster General

UNDER EXECUTIVE ORDER OF THE PRESIDENT

Issued April 5, 1933

all persons are required to deliver

ON OR BEFORE MAY 1, 1933

all GOLD COIN, GOLD BULLION, AND GOLD CERTIFICATES now owned by them to a Federal Reserve Bank, branch or agency, or to any member bank of the Federal Reserve System.

Executive Order

For Further Information Consult Your Local Bank

GOLD CERTIFICATES may be identified by the words "GOLD CERTIFICATE" appearing thereon. The serial number and the Treasury seal on the face of a GOLD CERTIFICATE are printed in YELLOW. Be careful not to confuse GOLD CERTIFICATES with other issues which are redeemable in gold but which are not GOLD CERTIFICATES. Federal Reserve Notes and United States Notes are "redeemable in gold" but are not "GOLD CERTIFICATES" and are not required to be surrendered

Special attention is directed to the exceptions allowed under Section 2 of the Executive Order

CRIMINAL PENALTIES FOR VIOLATION OF EXECUTIVE ORDER
$10,000 fine or 10 years imprisonment, or both, as provided in Section 9 of the order

Secretary of the Treasury.

Presidentin asetus 6102

tukahduttaminen tietyssä maassa voisi pahimmillaan tarkoittaa sitä, että kilpailijamaat saavat merkittävän kilpailuedun toivottaessaan kryptotoimijat tervetulleiksi.

Vain kryptovaluuttapörssien koordinoitu maailmanlaajuinen sulkeminen voisi pysäyttää bitcoinin rahallistumisen täysin. Kilpailu käydään siitä, että bitcoinista tulee niin laajalti hyväksytty, että sen täydellinen poistaminen maailmankartalta on poliittisesti yhtä mahdotonta kuin internetin täyssulku. Yksi valonpilkahdus on bitcoinin yleistyminen finanssialalla ja yritysten keskuudessa, jotka molemmat ovat tyypillisesti taitavampia ja tehokkaampia lobbaamaan itselleen mieluisampaa toimintaympäristöä kuin yksityissijoittajat. Lisäksi suurin yhdysvaltalainen kryptovaluuttapörssi, Coinbase, listautui huhtikuussa 2022 Nasdaqiin. Yhtiön markkina-arvo on tätä suomennettaessa romahtanut noin sadasta miljardista hieman yli 13 miljardiin dollariin. Poliittiset päättäjät ovat todennäköisesti varovaisia, kun he toteuttavat toimia, jotka voivat tuhota miljardien dollarien arvoisia yhtiöitä ja mahdollisesti siinä sivussa suoraan vahingoittaa miljoonia yksityissijoittajia. Lisäksi poliittinen kaappaaminen – jossa poliitikot ja heidän äänestäjänsä ovat ideologisesti kiintyneitä bitcoiniin pelkästään siksi, että he omistavat sitä – kasvaa jatkuvasti ja tarjoaa luonnollisen suojan vihamielistä politiikkaa vastaan tai jopa kannustaa myötämielisempään politiikkaan.

Kryptovaluuttapörssien maailmanlaajuisen sulkemisen mahdollisuus on kuitenkin edelleen olemassa, ja se on otettava huomioon bitcoiniin sijoittaessa. Kirjan neljännessä luvussa huomautin kansallisvaltioiden olevan vihdoin heräämässä siihen uhkaan, jonka valtioton, sensuurinkestävä digitaalinen valuutta aiheuttaa niiden rahapoliittiselle järjestelmälle ja järjestykselle. Vielä on mahdotonta sanoa, ryhtyvätkö ne taistelemaan tätä uhkaa vastaan ennen kuin bitcoin vakiinnuttaa asemansa niin merkittäväksi, että poliittiset toimet sen kitkemiseksi osoittautuvat tehottomiksi.

BITCOIN-LOUHINNAN KESKITTYMISRISKI

Bitcoin-louhijat ovat bitcoin-verkon tietokoneita, joiden tehtävänä on varmentaa ja asettaa verkkoon lähetetyt siirtotapahtumat ajalliseen järjestykseen. Tärkein riski, joka bitcoiniin sijoittamista harkitsevien on huomioitava, on tilanne, jossa bitcoin-louhinnassa käytetyt laskentaresurssit, joita kutsutaan laskentatehoksi, keskittyvät liiaksi. Bitcoin-verkkoa vastaan voitaisiin hyökätä joko poliittisesti tai taloudellisesti niin sanotun kaksinkertaisen kulutuksen hyökkäyksen avulla, jos verkon laskentateho keskittyisi liikaa muutamien toimijoiden käsiin.

Kaksinkertaisen kuluttamisen hyökkäys tapahtuu, kun bitcoin-louhija tai louhintakartelli, jolla on enemmistö bitcoin-verkon kokonaislaskentatehosta, vaihtaa bitcoineja johonkin arvokkaaseen, kuten euroihin, ja käyttää sitten louhintaresurssejaan lohkoketjun uudelleenjärjestelyyn siten, että alkuperäistä bitcoin-siirtoa ei koskaan tapahtunut. Kaksinkertainen kulutus on kallista ja riskialtista toimintaa. Lohkoketjun uudelleenjärjestelyn onnistuminen ei ole varmaa, ja vaikka se onnistuisikin, se huomattaisiin nopeasti ja se heikentäisi luottamusta bitcoinia kohtaan niin, että hyökkääjä käytännössä vahingoittaisi itse itseään. Satoshi Nakamoto ennakoi kaksinkertaisen kuluttamisen uhan jo bitcoinin alkuvaiheessa ja totesi alkuperäisessä teknisessä kuvauksessaan, että bitcoin oli suunniteltu siten, että mahdollisilla hyökkääjillä oli suurempi kannustin louhia rehellisesti kuin turvautua kaksinkertaiseen kuluttamiseen:

> Jos ahne hyökkääjä pystyy kokoamaan enemmän prosessoritehoa kuin kaikki rehelliset solmut, hyökkääjän on valittava, käyttääkö hän [prosessoritehoaan] muiden petkuttamiseksi peruuttamalla tekemänsä maksut vai käyttääkö hän sitä uusien kolikoiden tuottamiseen. Louhijan olisi kannattavampaa pelata sääntöjen mukaan, jotka ovat hänen puolellaan ja jotka tuottavat hänelle enemmän uusia kolikoita kuin muille yhteensä, kuin horjuttaa järjestelmää ja omaa varallisuusasemaansa.[56]

Nakamoton ajatukset olivat vielä ennen bitcoin-verkon syntyä vuonna 2008 vain teoreettinen ajatus ja se perustui ajatukseen siitä, että hyökkääjät olisivat taloudellisesti rationaalisia. Ville Savolaisen ja Jorge Soria Ruiz-Ogarrion tekemä tutkimus on kuitenkin vahvistanut Nakamoton väitteen käytännössä:

> Päätelmämme on, että historiallisesti havaittu [louhinta]syndikaattien keskittyminen ei viittaa kaksinkertaisen kulutuksen hyökkäyksen suurempaan riskiin. – – Tulok-

[56] Suom. huom. – https://bitcoin.org/files/bitcoin-paper/bitcoin_fi.pdf

semme ovat suoraan ristiriidassa sen yleisen käsityksen kanssa, että keskittyminen on haitallista. Tämä tulos osoittaa tunnetun taloustieteellisen näkemyksen, jonka mukaan toteutettavuus ei tarkoita toivottavuutta. [57]

Nakamoton alkuperäisessä bitcoinin teknisessä määrittelyssä ennakoitiin kaksinkertaisen kulutuksen mahdollisuus olettamalla toimijoiden olevan rationaalisia, mutta siinä ei otettu huomioon kansallisvaltioiden ei-taloudellisten päämäärien vuoksi toteuttamaa koordinoitua poliittista hyökkäystä louhijoita vastaan. Kansallisvaltiot ovat usein toimineet taloudellisesti epärationaalisesti edistääkseen poliittisia päämääriään, kuten sotiessaan naapureitaan vastaan. Kansallisvaltio saattaa olla halukas toteuttamaan poliittisen hyökkäyksen bitcoin-louhijoita vastaan estääkseen kansalaisiaan käyttämästä sitä säästämiseen ja maksamiseen valtion käden ulottumattomissa. Vaihtoehtoisesti kansallisvaltio voi haluta tuhota bitcoinin, jos se uskoo sen muodostavan systeemisen uhan valtion harjoittamalle rahapolitiikalle. Jos kansallisvaltio saisi haltuunsa riittävästi bitcoin-louhintaan käytettäviä laskentaresursseja, se voisi mahdollisesti sensuroida liiketoimia, joita valtio ei hyväksy, tai yksinkertaisesti riistää verkolta osan sen kokonaislaskentatehosta, mikä vähentäisi dramaattisesti verkon turvallisuutta ja heikentäisi luottamusta bitcoinia kohtaan.

Kansallisvaltioista, jotka haluavat hyökätä bitcoin-verkkoa vastaan, Kiinalla on tällä hetkellä parhaat valmiudet toteuttaa laajamittainen hyökkäys bitcoinia vastaan. Kiinalla on hallitseva asema tietokonesirujen tuotannossa ja osassa sen maakunnista on edelleen energiantuotannon ylikapasiteettia, jonka vuoksi Kiinasta on tullut maailmanlaajuinen louhintalaitteiden tuotantomaa ja suurimpia bitcoin-louhijoita. CoinShares Researchin 2019 tekemässä tutkimuksessa arvioitiin, että "jopa 65 prosenttia bitcoinin laskentatehosta sijaitsee Kiinassa."[58]

---

[57] http://bullishcaseforbitcoin.com/references/too-big-to-cheat-paper

[58] http://bullishcaseforbitcoin.com/references/coinshares-paper-2

Jos Kiinan valtio kansallistaisi louhintalaitteita valmistavat yritykset ja itse bitcoin-louhintaa harjoittavat yritykset, se voisi muodostaa merkittävän uhan bitcoin-verkon toiminnalle. Vaikka ei ole mitään keinoa poistaa riskiä siitä, että Kiina hyökkäisi bitcoinia vastaan, on olemassa täystuhovaihtoehto, jonka avulla tällainen hyökkäys voitaisiin torjua: bitcoinin työntodistealgoritmin muuttaminen. Meidän on tarkasteltava lyhyesti bitcoin-louhinnan historiaa, ennen kuin voimme täysin ymmärtää täystuhovaihtoehdon seurauksia.

Bitcoin-verkon synnyn jälkeen vuonna 2009 louhinnassa käytetyt tietokoneet ovat erikoistuneet aina vain enemmän tuottamaan laskentatehoa kulutetun sähkön suhteen. Alkuaikoina verkon jäsenet käyttivät louhintaan tavallisia tietokoneitaan, mutta toukokuussa 2010 Laszlo Hanyecz huomasi, että kuvankäsittelyyn optimoidut tietokonesirut, niin sanotut grafiikkasuorittimet (GPU), olivat paljon tehokkaampia louhinnassa kuin tavalliset prosessorit (CPU). Hanyeczin havainto käynnisti kilpavarustelun louhintalaitteiden kehittämisessä, joka johti lopulta bitcoin-louhintaa varten tarkoitettujen sovelluskohtaisten integroitujen piirien (ASIC) kehittämiseen. Ensimmäiset ASIC-louhintalaitteet toi markkinoille vuonna 2013 kiinalainen laitteistovalmistaja Canaan Creative. Sen jälkeen monet muut piirivalmistajat, kuten Bitmain ja Bitfuri, ovat tulleet mukaan erittäin kilpailtuun markkinaan. ASIC-louhijat ovat tietokoneita, jotka on kehitetty suorittamaan yhtä ja vain yhtä asiaa äärimmäisen tehokkaasti: ajamaan bitcoinin työntodistealgoritmia, joka tunnetaan nimellä SHA256, mahdollisimman tehokkaasti. Louhija pystyy arvaamaan etsimänsä luvun huomattavasti aiempaa nopeammin ajamalla SHA256-tiivistefunktiota äärimmäisen nopeasti seuraavan kelvollisen bitcoin-lohkon luomiseksi ja siinä sivussa keräämään lohkotuesta ja siirtomaksuista koostuvan lohkopalkkion.

SHA256 on bitcoin-louhinnan peruspalikka, ja sen ajamiseen optimoitujen laitteistojen tutkimukseen, kehittämiseen ja tuotantoon on käytetty miljardeja euroja. On kuitenkin mahdollista, että SHA256 korvataan bitcoinin työntodistealgoritmi vaihtoehtoisella, esimerkiksi SHA512:sta, työntodistealgoritmi. Bitcoinin työntodisteen korvaaminen tekisi SHA256:n ajamiseen optimoiduista louhintalaitteista välittömästi käytännössä arvottomia, mikä tuhoaisi niitä valmistavat yritykset ja laitteistoon sijoittaneet louhintayhtiöt. Näin äärimmäiseen toimenpiteeseen voitaisiin turvautua, jos Kiinan kaltainen valtiollisen tason toimija hyökkäisi bitcoin-louhintaa vastaan, mutta työntodistealgoritmin muuttaminen olisi erittäin riskaabelia. Ilman bitcoin-verkon osallistujien ja bitcoineja säästöinä hallussaan pitävien ihmisten ylivoimaista yksimielisyyttä työntodistealgoritmin muuttaminen voisi aiheuttaa verkon hajoamisen ja yhteisön jakautumisen ryhmittymiin, joista kukin väittäisi, että heidän suosimaansa työntodistealgoritmia ajava verkko on oikea bitcoin. Lisäksi ilman SHA256-pohjaisen louhintalaitteisiin ja -infrastruktuuriin käytettyjä huomattavia pääomamenoja bitcoin-verkon turvallisuus heikkenisi valtavasti, kunnes vaihtoehtoisen työntodistealgoritmin ajamiseen olisi tehty vastaavat tai aiempaa suuremmat sijoitukset. Näin ollen bitcoinin työntodistealgoritmin muuttamista olisi oikeutetusti pidettävä täystuhoa muistuttavana viimeisenä vaihtoehtona, johon voidaan turvautua vain bitcoiniin kohdistuvan eksistentiaalisen uhan torjumiseksi. Vaikka siihen ei koskaan turvauduttaisi, uhka siitä, että bitcoinin työntodistealgoritmi *voitaisiin* jossain tilanteessa muuttaa, on tehokas este kaikille kansallisvaltioille ja muille äärimmäisen koordinoiduille hyökkääjille, jotka haluavat hyödyntää bitcoinin valtavaa laskentatehoa omiin tarkoituksiinsa.

SÄILYTYSRISKI

Yritykset ja institutionaaliset sijoittajat turvautuvat bitcoinin säilyttämiseksi usein säänneltyjen säilyttäjien palveluihin bitcoiniensa turvaamiseksi. Bitcoinin arvon jatkaessa kasvuaan, erilaisilla säilyttäjillä on hallussaan satojen miljardien eurojen arvosta bitcoinia, jonka vuoksi niistä tulee aina vain houkuttelevampia kohteita hakkereille ja muille rikollisille. Siinä missä fyysisen kullan säilyttäjien on kamppailtava vain sellaisten mahdollisten turvallisuusuhkien kanssa, jotka ovat likellä fyysistä kultaa, bitcoinin säilyttäjien on taisteltava sellaisia kyberrikollisia vastaan, jotka voivat hyökätä bitcoin-säilyttäjän kimppuun mistä päin maailmaa tahansa. Suuren bitcoin-säilyttäjän ryöstö voi vahingoittaa vakavasti yrittäjien ja institutionaalisten sijoittajien luottamusta. Suuria kyberrikoksia vastaan suojaudutaan parantamalla koko toimialan turvallisuuskäytäntöjä ja kehittämällä välineitä, joilla varoja voidaan hallinnoida ilman, että varoja tarvitsee altistaa internetin uhkille lainkaan. Vaikka suuria varkauksia ei voi uhkana koskaan sulkea pois, näyttää siltä, että todennäköisyys katastrofaalisille hyökkäyksille, kuten Mt. Goxin luhistuttua hakkerien hyökkäyksestä vuonna 2013, on paljon pienempi kuin bitcoinin alkuaikoina.

YHDYSVALTAIN KESKUSPANKIN POLITIIKKARISKI

1970-luvun lopulla Yhdysvalloissa koettiin korkean rahavarannon inflaation kausi, joka osaltaan vahvisti merkittävästi kullan hintaa. Vuosikymmen huipentui Yhdysvaltain dollariin kohdistuneeseen luottamuskriisiin, joka ratkesi vasta vuonna 1979 vastanimitetyn keskuspankin pääjohtajan Paul Volckerin jyrkillä toimilla. Volcker nosti ennennäkemättömän nopealla tahdilla lyhyet korot noin 20 prosentin hujakoille vuonna 1980, mikä sysäsi Yhdysvaltain talouden syvään taantumaan ja johti kullan maailmanmarkkinahinnan laskuun usean vuosikymmenen ajaksi. Volcker onnistui taltuttamaan 1970-luvun hillittömän hintainflaation päämäärätietoisen tiukin ottein.[59]

Kulta oli rahallinen hyödyke, jonka markkina-arvo pyöri biljoonissa dollareissa ja se oli haavoittuvainen Yhdysvaltain keskuspankin rahapolitiikan suunnanmuutoksille. Keskuspankin nostaessa korot tarpeeksi korkealle, kullan, joka ei synnytä luonnollista tuottoa tai kassavirtaa, kysyntä siirtyy dollareihin, joista saa korkoa vähintään keskuspankin lyhytaikaisen koron verran. Pienemmän kokonsa vuoksi bitcoinin kurssiliikkeitä on pitkälti ohjaillut markkinoille saapuvien uusien sijoittajien virta, mutta kun bitcoin lopulta lähestyy kullan markkina-arvoa, myös siihen kohdistuu Yhdysvaltain keskuspankin rahapolitii-

[59] http://bullishcaseforbitcoin.com/references/volcker-inflation-fighting

Yhdysvaltain keskuspankin entinen pääjohtaja Paul Volcker

kan aiheuttamia makrotaloudellisia uhkia. Jos Yhdysvaltain keskuspankki näkisi bitcoinin jatkuvan rahallistumisen uhkaavan dollarin uskottavuutta, se voisi yrittää estää tämän prosessin etenemisen nostamalla ohjauskorkoja jyrkästi, kuten Volcker teki 1980-luvun alussa. Tällaista linjanmuutosta vastaan taistelee kuitenkin se, että Yhdysvaltojen finanssipoliittinen tilanne on tyystin erilainen kuin 1970-luvun lopulla. Toisen maailmansodan aikaisen velkaantumisen jälkeen Yhdysvaltojen velkaantumisaste ei ole ollut yli 100 prosenttia bruttokansantuotteesta, kuten nyt. Vertailun vuoksi voidaan todeta, että vuonna 1980 velka suhteessa bruttokansantuotteeseen oli alle 40 prosenttia. Vaikka Yhdysvaltain keskuspankin koronnostojen uhka on olemassa, Yhdysvaltain keskuspankin on vaikea harjoittaa tällaista rahapolitiikkaa ilman, että Yhdysvaltain valtiovarainministeriön velanhoitomenot kasvaisivat maksukyvyn kannalta liikaa; tiukan rahapolitiikan harjoittaminen nykyisessä finanssipoliittisessa ympäristössä voisi mahdollisesti laukaista velkakriisin. Näin ollen Yhdysvaltain keskuspankki saattaa olla finanssipoliittisten tekijöiden vuoksi pakotettu jatkamaan linjaa, joka on suotuisa bitcoinin rahallistumiselle, vaikka se lähestyisi ja ylittäisikin markkina-arvolla mitattuna kullan markkina-arvon.

EDELLEENPANTTAUKSEN RISKI

Rahoituslaitokset, jotka tarjoavat kehittyneempiä sijoitustuotteita ja palveluita, kuten lyhyeksimyyntiä, velkavipua ja johdannaisia, vaativat yleensä asiakkailtaan vakuuksia käteisenä, arvopapereina tai muuna omaisuutena, ennen kuin heidän on mahdollista käyttää näitä finanssipalveluita. Vakuusjärjestelyjen käyttäminen on keino pienentää riskiä, jos asiakas tekee syystä tai toisesta varomattoman sijoituksen, joka aiheuttaa tappion. Jos esimerkiksi osakevälittäjän asiakas myy lyhyeksi osakkeita ja myöhemmin osakkeen hinta nousee, välittäjä voi myydä joko asiakkaan koko vakuuden tai osan siitä tappioiden kattamiseksi.

Uudelleenpanttaus on käytäntö, jossa rahoituslaitos käyttää sille annettuja vakuuksia omiin käyttötarkoituksiinsa, jolloin se voi mahdollisesti kasvattaa voittojaan, mutta samalla se altistaa asiakkaansa varat ottamalleen riskille. Vastineeksi siitä, että asiakas antaa palveluntarjoajalle mahdollisuuden sijoittaa tai lainata vakuuksia, tälle maksetaan siitä jonkinlainen korvaus, joka saattaa olla esimerkiksi matalampi osakelainakorko lyhyeksi myydylle arvopaperipositiolle. Uudelleenpanttaus on riskialtista, mutta kun se tehdään harkiten ja varovaisesti, se saattaa antaa rahoituslaitokselle mahdollisuuden tarjota sijoitustuotteita edullisesti tai jopa ilmaiseksi, jonka lisäksi se parantaa markkinalikviditeettiä. Jos edelleenpanttaus kuitenkin tehdään varomattomasti ja ahneesti, siitä voi tulla laajalle levitessään järjestelmäriski koko rahoitusjärjestelmälle tai sen osille. Rahoituslaitokset, jotka lainaavat vakuuksia toistuvasti toinen toisilleen, saattavat kirjata saman vakuuden monen eri keskitetyn toimijan vakuudeksi. Näin yhden toimijan epäonnistunut sijoitustoiminta voi aiheuttaa monien toimijoiden välille tulipalon kaltaisia konkurssiaaltoja, jotka laskevat vakuutena olevien omaisuuserien hintoja rajusti ja saattavat aiheuttaa nopeastikin vakavan likviditeettikriisin. IMF:n vanhempi ekonomisti Manmohan Singh ja suursijoittajien neuvonantaja James Aitken väittivät vuonna 2010 ilmestyneessä IMF:n työpaperissaan edelleenpanttauksen olleen merkittävässä roolissa vuoden 2008 finanssikriisissä: "Kun otetaan huomioon arviot edelleenpanttauksen (ja siihen liittyvästä vakuuksien edelleenkäytöstä) viimeisimmässä kriisissä, voidaan todeta, että pankkien ulkopuolisen rahoituksen romahdus oli huomattava."[60]

Bitcoinia käytettiin ensimmäisen kerran merkittävänä vakuutena vuonna 2014, kun hongkongilainen kryptovaluuttapörssi BitMEX perustettiin. BitMEXin asiakkaat kykenivät tallettamaan bitcoinejaan kryptovaluuttapörssiin ja hyödyntämään niitä johdannaissopimuksissa, kuten ikuisissa vaihtosopimuksissa (*perpetual swap*). BitMEXin tarjoamat johdannaissopimukset tarjosivat asiakkaille mahdollisuuden spekuloida bitcoinin hinnalla ja hyödyntää velkavipua. Kryptovaluuttapörssinä, joka ei edellyttänyt fiat-vakuusjärjestelyjä, BitMEX onnistui kiertämään johdannaismarkkinapaikkoja tyypillisesti koskevan sääntelyjärjestelmän, minkä ansiosta sen koko ja kaupankäyntivolyymit kasvoivat nopeasti. Elokuuhun 2020 mennessä pörssin kaupankäyntivolyymit olivat kasvaneet 75 miljardiin dollariin, mikä teki BitMEXin perustajista miljardöörejä. BitMEXin uraauurtava työ bitcoinin käytöstä vakuutena ja yhtiön menestys eivät jääneet muilta huomaamatta. Monet yritykset ovat sittemmin seuranneet BitMEXin esimerkkiä, aina vuonna 1898 perustetusta Chicago Mercantile Exchangesta, joka tarjoaa nyt bitcoin-futuurisopimuksia, BlockFi-nimiseen keskitettyyn kryptolainaajaan, joka tarjoaa asiakkailleen mahdollisuuden kryptokorkoansaintaan. Raoul Pal, joka on tunnettu kryptomarkkina-analyytikko, on kutsunut bitcoinia "erinomaiseksi vakuudeksi", ja yhä useammat näyttävät tunnustavan bitcoinin olevan ihanteellinen vakuus sen luontaisten ominaisuuksien ja markkinoiden luonteen vuoksi:

1. Bitcoinilla on maailmanlaajuiset ja hyvin likvidit markkinat, joilla käydään päivittäin kauppaa miljardeilla euroilla.

2. Bitcoin-markkinat eivät koskaan nuku, toisin kuin perinteiset

---

[60] http://bullishcaseforbitcoin.com/references/imf-rehypothecation-article

osakemarkkinat, joten eri toimijat voivat aina myydä vakuutensa, kun ne havaitsevat lainasalkkunsa riskitason kasvaneen.

3. Bitcoinit eivät ole velkaa eli niihin ei kohdistu kolmannen osapuolen vaadeoikeutta, toisin kuin perinteiset velkakirjat, mikä vähentää vastapuoliriskiä. Bitcoin ei voi myöskään mennä konkurssiin.
4. Bitcoinit ovat digitaalisia, joten ne on helppoa ja edullista säilyttää ja siirtää, jonka ansiosta niiden vakuuskäyttö on esimerkiksi kultaa huomattavasti suoraviivaisempaa.

Bitcoinin tunnustetaan yhä useammin olevan ihanteellinen vakuusmuoto, joten sen lisääntyvä käyttö vakuusjärjestelyissä vauhdittaa entisestään sen rahallistumista vakuuskysynnän ansiosta. Bitcoinin kasvavaan käyttöön vakuutena liittyy kuitenkin vastuuttoman edelleenpanttauksen riski. Nousevalla toimialalla sijoittajien olisi perustellusti oltava varovaisia niiden toimijoiden suhteen, jotka ottavat vastaan esimerkiksi bitcoin-talletuksia ja maksavat niille bitcoin-korkoa. Korko ei synny tyhjästä, vaan on luonteeltaan korvaus otetuista (suuristakin) riskeistä. Bitcoinin edelleenpanttauksen riskit ovat ehkä jopa suuremmat kuin muiden omaisuuserien, kuten osakkeiden ja joukkovelkakirjojen. Jos monet kryptotoimijat ajautuvat samanaikaisen likviditeettikriisin vuoksi myymään vakuuksiksi otettuja joukkovelkakirjoja, niiden tulevaisuuden kassavirta suojaa niitä ainakin jossain määrin romahdukselta. Ilman kassavirtaa, joka tarjoaisi suojaa sen arvostukselle, bitcoinin vuoksi syntyvä likviditeettikriisi voi aiheuttaa hallitsemattoman hintaromahduksen. Käsittelimme aiemmin kolmannessa luvussa rahan polkuriippuvuutta. Polkuriippuvuuden vuoksi bitcoinin hinnan romahtaminen voisi aiheuttaa merkittäviä muutoksia sen rahallistumista koskevissa odotuksissa, joiden myötä sen rahallistuminen saattaa ainakin hidastua tai pysähtyä tyystin.

Suurin suoja edelleenpanttaamisen riskejä vastaan on vahva markkinasääntely ja läpinäkyvyys vakuuksien käsittelyssä ja niiden hyödyntämisessä. Sääntelyllä tarkoitetaan usein esimerkiksi

Yhdysvaltain hyödykefutuurikauppakomission (CFTC) kaltaisten instituutioiden suorittamaa valvontaa, mutta käytännössä tällaiset byrokratiat ovat liian hitaita käsittelemään ja valvomaan tyydyttävällä tavalla uusia, nousevia ja innovatiivisia toimialoja, joten ne turvautuvat usein vanhentuneisiin, vuosikymmeniä sitten hyviksi koettuihin sääntöihin. Ylivoimaisesti tärkein sääntelijä on markkina itsessään; vastuuttomasti toimivien tahojen tulisi antaa kaatua, varmistaen, että huonoista toimintatavoista rangaistaan eivätkä ne leviä rakenteellisiksi alalla niin kuin vuoden 2008 kiinteistökuplan aiheuttamassa kriisissä kävi.

EPÄTÄYDELLISEN KORVATTAVUUDEN RISKI

Bitcoin-lohkoketjun avoin ja läpinäkyvä luonne tarjoaa valtioille mahdollisuuden merkitä tietyt bitcoinit saastuneiksi, koska niitä on jossain vaiheessa käytetty laittomuuksissa. Vaikka bitcoinin sensuurinkestävyys protokollatasolla takaa sen, että myös nämä ulkomaailman silmissä saastuneet bitcoinit voivat liikkua varauksetta verkossa, jonakin päivänä joku jossain valtion virastossa saattaa päättää, että tällaisia saastuneita bitcoineja ei saa käyttää. Tämä voisi johtaa siihen, että nämä bitcoinit ovat vähemmän arvokkaita tai jopa täysin arvottomia. Bitcoin menettäisi tällöin yhden tärkeimmistä rahamaisista ominaisuuksistaan eli korvattavuutensa.

Bitcoinin epätäydellisen korvattavuuden korjaamiseksi protokollatasoon on tehtävä parannuksia, jotta liiketoimien yksityisyyttä voidaan parantaa entisestään. Vaikka tässä suhteessa on jo tapahtunut edistystä muun muassa Moneron, ZCashin ja Litecoinin kaltaisissa digitaalisissa valuutoissa, bitcoinin tehokkuuden ja monimutkaisuuden sekä sen yksityisyyden välillä on tehtävä merkittäviä teknologisia kompromisseja. Avoimeksi jää, voidaanko bitcoiniin lisätä yksityisyyttä parantavia ominaisuuksia tavalla, joka ei vaaranna sen käyttöä rahana muilta osin.

*

JOHTOPÄÄTÖKSET

Bitcoin on nouseva raha ja rahajärjestelmä, joka on siirtymässä rahallistumisen polulla keräilyesineestä arvon säilyttäjäksi. Bitcoin on valtiosta riippumaton rahahyödyke, joten on mahdollista, että jossakin vaiheessa tulevaisuudessa siitä tulee maailmanlaajuinen varantovaluutta aivan kuten kullasta 1800-luvun klassisen kultakannan aikana. Bitcoinin käyttöönotto varantovaluuttana on nimenomainen kertomus bitcoinin valoisasta tulevaisuudesta, ja Satoshi Nakamoto esitti sen jo vuonna 2010 Mike Hearnille lähettämässään sähköpostissa: "Jos kuvittelet, että sitä käytettäisiin jossain määrin kansainvälisessä kaupassa, koko maailmassa olisi vain 21 miljoonaa kolikkoa, joten sen arvo olisi paljon suurempi yksikköä kohti [kuin fiat-valuutan arvo]." [61]

Asian esitti vielä terävämmin loistava kryptograafikko Hal Finney, joka vastaanotti ensimmäisenä bitcoin-siirron Satoshi Nakamotolta pian sen jälkeen, kun Nakamoto oli kertonut ensimmäisen toimivan bitcoin-ohjelmiston olevan nyt saatavilla:

> Kuvitellaan bitcoinin menestyvän ja että siitä tulee hallitseva maksujärjestelmä kaikkialla maailmassa. Silloin valuutan kokonaisarvon pitäisi olla yhtä suuri kuin koko maailman varallisuuden kokonaisarvon. Löytämäni nykyiset arviot kotitalouksien maailmanlaajuisesta kokonaisvarallisuudesta vaihtelevat 100 biljoonasta 300 biljoonaan dollariin. Jos kolikoita on 20 miljoonaa, jokaisen kolikon arvo on noin 10 miljoonaa dollaria. [62]

Vaikka bitcoinista ei tulisikaan täysimittaista varantovaluuttaa, vaan se vain kilpailisi kullan kanssa valtioista riippumattomana arvon säilyttäjänä, se on tällä hetkellä huomattavan aliarvostettu. Tähän mennessä louhitun kullan tarjonnan (noin 10 biljoonaa dollaria)

---

[61] http://bullishcaseforbitcoin.com/references/satoshi-hearn-email

[62] http://bullishcaseforbitcoin.com/references/hal-finney-quote

markkina-arvo suhteutettuna nykyiseen louhittuun bitcoinien tarjontaan tarkoittaa, että bitcoinin hinta olisi noin 540 000 dollaria. Niiden ominaisuuksien osalta, jotka tekevät rahahyödykkeestä sopivan arvon säilyttäjän, bitcoin on joko verrattavissa kultaan tai voittaa sen suhteessa kaikkiin esittämiini vertailukohtiin, lukuun ottamatta vakiintunutta historiaa. Vakiintunut historia ei ole enää kullan kilpailuetu, kun aika kuluu ja Lindy-efekti vahvistuu. Näin ollen ei ole täysin mahdotonta sanoa, että bitcoin lähestyy ja ehkä jopa ylittää kullan markkina-arvon seuraavan 10 vuoden aikana.

Varauma tähän ajatukseen on se, että suuri osa kullan markkina-arvosta perustuu siihen, että keskuspankit säilyttävät sitä arvon säilyttäjän tehtävässä. Todennäköisesti tarvitaan kansallisvaltioita talkoisiin, jotta bitcoin onnistuisi saavuttamaan kullan markkina-arvon tai jopa ylittämään sen. On epäselvää, tulevatko länsimaiset liberaalidemokratiat koskaan omistamaan bitcoinia. Valitettavasti on todennäköisempää, että kaistapäiset diktaattorit, mafiavaltiot ja rosvot tulevat olemaan ensimmäisiä valtioita tai valtiollisia toimijoita, jotka astuvat bitcoin-markkinoille.

Jos yksikään kansallisvaltio ei osallistu bitcoin-markkinoille, bitcoinin tulevaisuus on kaikesta huolimatta valoisa. Bitcoin on valtioton arvon säilyttäjä, jota tällä hetkellä käyttävät käytännössä vain yksityiset ja institutionaaliset sijoittajat, sen omaksumiskäyrä on vielä alkuvaiheessa: niin sanottu varhainen enemmistö on vasta tulossa markkinoille, kun taas myöhäinen enemmistö ja hitaat omaksujat ovat vielä vuosien päässä sen omaksumisesta. Huomattavasti nykyistä korkeampi hintataso (10x-20x) on mahdollinen, kun vähittäissijoittajat ja erityisesti institutionaaliset sijoittajat ymmärtävät paremmin bitcoinin arvolupauksen ja bitcoinin aseman sijoitussalkussa tai säästämisteknologiana.

Bitcoinin omistaminen on yksi harvoista epäsymmetrisistä vedonlyönneistä, joihin ihmiset kaikkialla maailmassa voivat osallistua. Osto-optioiden tavoin sijoittajan tappioriski on rajattu 1x:ään, kun taas mahdollinen voitto voi olla 100x tai enemmän. Bitcoin on ensimmäinen aidosti maailmanlaajuinen kupla, jonka kokoa ja laajuutta rajoittaa vain maailman ihmisten halu suojella säästöjään huonolta raha- ja talouspolitiikalta. Bitcoin nousi kuin feenikslintu vuoden 2008 maailmanlaajuisen finanssikatastrofin tuhkasta. Se oli katastrofi, joka johtui keskuspankkien vastuuttomasta toiminnasta.

Bitcoiniin liittyvien taloudellisten näkökohtien lisäksi sen nousulla valtioista riippumattomaksi arvon säilyttäjäksi on syvällisiä geopoliittisia vaikutuksia. Maailmanlaajuinen, disinflatorinen varantovaluutta pakottaa kansallisvaltiot muuttamaan tulopuoltaan vastaavasti; inflaation sijaan valtioiden on turvauduttava suoraan verotukseen, mikä on poliittisesti vaikea yhtälö. Valtioiden koko pienenee sen verran, että siirtyminen puhtaaseen veropohjaiseen rahoitukseen aiheuttaa poliittisia haasteita. Lisäksi maailmankauppassa maksatus ja tilitys tapahtuvat tavalla, joka vastaa Charles de Gaullen pyrkimystä, jonka mukaan yhdelläkään maailman maalla ei saa olla erityisoikeuksia muihin nähden:

> Pidämme välttämätöntä, että kansainvälinen kauppa perustuu, kuten ennen maailman suuria onnettomuuksia, kiistattomaan rahapohjaan, joka ei ole minkään tietyn maan omistuksessa.[63]

Viidenkymmenen vuoden kuluttua maailman rahapohja on bitcoin.

[63] http://bullishcaseforbitcoin.com/references/degaulle-speech

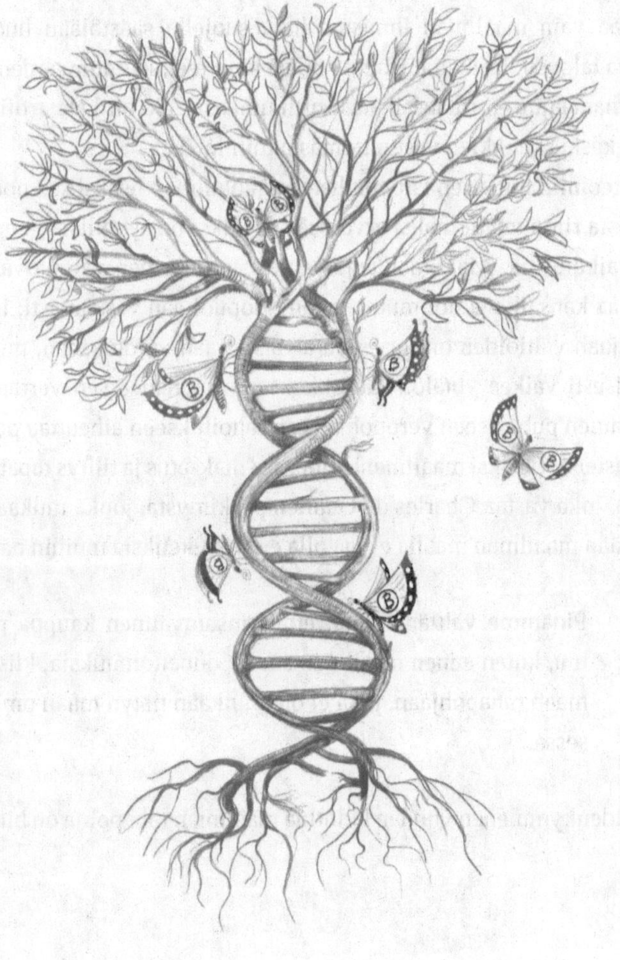

JÄLKISANAT

SUURI VÄITTELY

Mikä *on* bitcoin? Tämä näennäisen yksinkertainen kysymys ja siitä kummunnut kiihkeä väittely kuohuttivat bitcoin-kehittäjien ja -sijoittajien maailmaa useiden vuosien ajan, mikä huipentui yhteisön hajaannukseen ja bitcoin-verkon jakautumiseen 1. elokuuta 2017. Bitcoinin luomista seuranneina vuosina syntyi ja kehittyi kaksi ideologista ryhmittymää, joista kumpikin kannatti erilaista näkemystä bitcoinin tulevaisuudesta. Ensimmäinen ryhmittymä näki bitcoinin ensisijaisesti Visan tai PayPalin kaltaisena maksujärjestelmänä, mutta ilman keskitettyä valvojaa tai hallitsijaa. He korostivat bitcoinin transaktionaalista luonnetta ja uskoivat, että raha määrittyy ensisijaisesti sen roolista vaihdon välineenä. Toinen ryhmä korosti bitcoinin sensuroimattomuuden tärkeyttä ja varoitti vaaroista, joita aiheutuu, jos bitcoin-protokollan hallinta luovutetaan jollekin tietylle eturyhmälle. Tämä ryhmittymä näki bitcoinin olevan kullan digitaalinen vastine ja korosti sen käyttöä valtioista riippumattomana arvon säilyttäjänä.

Kahden ideologisen ryhmän välistä kiistaa monimutkaisti bitcoinin luojan katoaminen pian bitcoinin syntymän jälkeen. Hän kirjoitti viimeisen viestinsä Bitcoin Forum -keskustelualueelle 12. joulukuuta 2010.Se oli 772 päivää sen jälkeen, kun Satoshi Nakamoto ilmestyi ensimmäisen kerran verkkoon edistämään bitcoinin teknistä ja toiminnallista suunnittelua.[64] Nakamoton katoamisella oli suuri merkitys hänen alustamalleen nousevalle ohjelmistoprojektille. Satoshin poistuttua kuvioista bitcoin-ohjelmistoa työstävän kehittäjäyhteisön oli jatkettava työtään ilman ohjausta tai yhteistä näkemystä tulevaisuudesta. Yksi selkeimmistä lausunnoista, joissa Nakamoto selostaa pyrkimyksiään hankkeen suhteen, on hänen 31. lokakuuta 2008 julkaisemassaan bitcoinin teknisessä kuvauksessa. Lyhyt dokumentti ei kuitenkaan anna

[64] Suom. huom. – https://bitcointalk.org/

ratkaisevaa vastausta kysymykseen siitä, pitäisikö bitcoinia tarkastella ensisijaisesti vaihdon välineenä vai arvon säilyttäjänä. Vaikka Satoshi kirjoitti satoja viestejä verkkoon ja lukemattomia sähköposteja bitcoinin parissa työskenteleville kehittäjille, hän ei koskaan selittänyt yksiselitteisellä tavalla sen rahallista luonnetta. Joissakin kirjoituksissaan Nakamoto korosti bitcoinin kultamaista luonnetta ja sen käyttöä arvon säilyttäjänä:

> [Bitcoin] muistuttaa ennemminkin jalometallia. Sen sijaan, että tarjonta muuttuisi, jotta arvo pysyisi samana, [bitcoinin] tarjonta on ennalta määrätty ja arvo muuttuu. Kun käyttäjien määrä kasvaa, kolikon arvo kasvaa. Siinä on mahdollisuuksia positiiviselle palautesilmukalle: käyttäjien määrän kasvaessa, arvo nousee, mikä voi houkutella lisää käyttäjiä hyötymään sen arvonnousussta.[65]

Useissa muissa yhteyksissä Nakamoto puhui bitcoinin käytöstä maksamisessa ja korosti rahan roolia vaihdon välineenä.

Alkumuodossaan bitcoin näytti kykenevän seuraamaan kumpaakin näkemystä yhtä uskottavasti ja samanaikaisesti. Toisaalta bitcoin-verkon siirtokulut olivat alussa matalat, minkä ansiosta bitcoineja voitiin siirtää edullisesti ympäri maailmaa. Matalat siirtokulut näytti vielä tuolloin tarjoavan suhteellista etua vaihtoehtoisiin maksujärjestelmiin, kuten Visa-luottokorttiverkkoon nähden. Toisaalta bitcoinien vaihtoarvo nousi ajan kuluessa paljon, mikä viittaa siihen, että kyseessä oli orastava arvon säilyttäjä. Mutta aivan, kuten monien eliölajien alkiot näyttävät alkuvaiheessa hyvin samanlaisilta, niiden geneettiseen materiaaliin on painettu ohjeet, jotka saavat ne erkanemaan merkittävästi ajan kuluessa. Bitcoinin geneettisen materiaalin muodostavat sen protokollan konsensussäännöt. Nämä säännöt osoittavat, että vain yksi näkemys bitcoinin tulevaisuudesta on elinkelpoinen.

---

[65] http://bullishcaseforbitcoin.com/references/satoshi-gold-quote

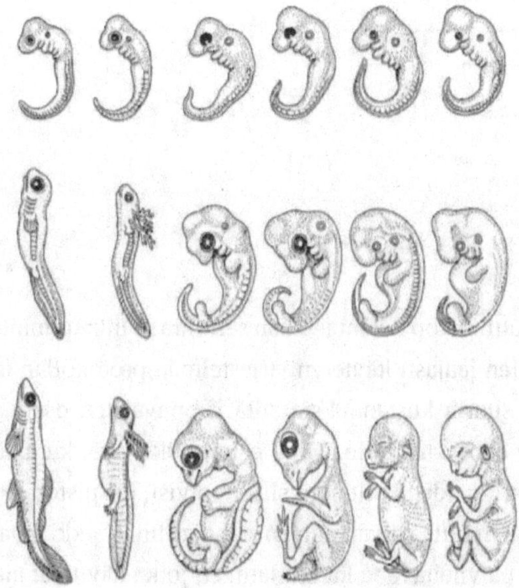

Monien eläinlajien sikiöt muistuttavat alkuvaiheessa toisiaan, mutta ajan kuluessa erot käyvät nopeasti ilmi.

PROTOKOLLIEN MUUTTUMATTOMUUS

Protokolla eli yhteyskäytäntö on joukko sääntöjä, jotka määrittelevät tai mahdollistavat laitteiden tai ohjelmien väliset yhteydet ja tiedonsiirron. Kaikkien järjestelmään osallistuvien on noudatettava näitä sääntöjä. Esimerkkejä tietoliikenneprotokollista ovat TCP/IP, joka säätelee sitä, miten dataa koodataan ja siirretään internetissä, ja SMTP, joka säätelee sähköpostiin liittyvää internetliikennettä. Protokollia voidaan tuoda myös fyysiseen maailmaan: esimerkiksi pistorasioita koskevissa standardeissa IEC 60906-2 ja NEMA 5-15 kuvataan sähköpistokkeen muoto sekä pistorasian kautta johdettavan virran jännite ja ampeeriluku.

Protokollia, jotka on määritelty käytettäviksi ohjelmisto- ja laitteistojärjestelmissä, joissa on monia osallistujia, on yleensä erittäin vaikea muuttaa sen jälkeen, kun ne on kerran otettu käyttöön ja tähän muuttumattomuuteen on hyvät syyt. Osallistujat yleensä olettavat protokollan

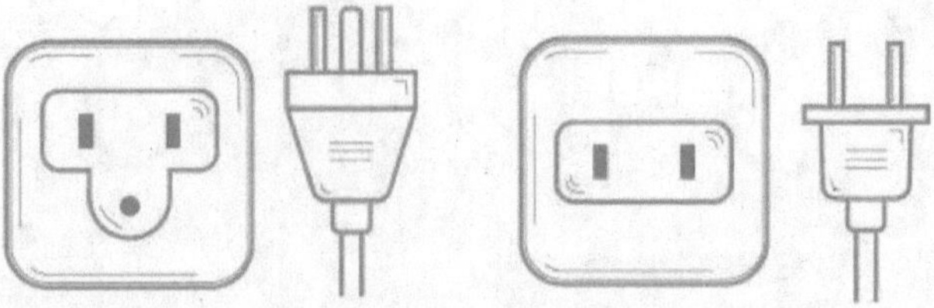

Maadoitettu pistorasia on taaksepäin yhteensopiva alkuperäisen kanssa.

olevan muuttumaton rakentaessaan sen varaan liiketoimintaa tai laitteita. Näin ollen laajasti käytetyn järjestelmän protokollan muuttaminen aiheuttaisi suuria kustannuksia siitä riippuvaisten osallistujien muodostamalle ekosysteemille. Mieti esimerkiksi sitä, kuinka suuret kustannukset eri maiden kotitalouksille syntyisi, jos pistorasioiden muoto päätettäisiin muuttaa aivan uuteen standardiin. Kaikki maailman pistorasiat olisi päivitettävä ja kaikki laitteet, jotka käyttivät aiempia pistorasioita, olisi hävitettävä tai niihin olisi hankittava sovitin, jotta ne olisivat yhteensopivia uuden pistorasiatyypin kanssa. Poikkeuksena protokollapäivitysten kustannuksiin ovat taaksepäin yhteensopivat muutokset, jotka eivät vaikuta järjestelmiin, jotka pyörivät protokollan vanhempien versioiden varassa. Esimerkiksi maadoituspistoke keksittiin vuonna 1924, ja se oli taaksepäin yhteensopiva päivitys pistorasioihin, jonka ansiosta sähköiskujen riski väheni merkittävästi. Vanhemmissa laitteissa, joissa oli vanhanmallinen maadoittamaton virtakaapeli, voitiin jatkossakin kytkeä uusiin maadoitettuihin pistorasioihin.

Satoshi Nakamoto oli luonut internetin arvonsiirtoprotokollan, kun hän julkaisi bitcoinin lähdekoodin 9. tammikuuta 2009. Nakamoto ymmärsi, että kun hänen suunnitelmansa oli itänyt elävässä, todellisessa verkossa, olisi hyvin vaikeaa, ellei mahdotonta, tehdä bitcoin-protokollaan muita kuin taaksepäin yhteensopivia muutoksia. Hän totesi asiasta 17. kesäkuuta 2010 kirjoittaessaan: "Kun versio 0.1 julkaistiin, ydinsuunnittelu oli kiveen hakattu sen loppuelämän ajaksi."[66]

---

[66] http://bullishcaseforbitcoin.com/references/satoshi-protocol-quote

SKISMA

Bitcoinin protokolla määritellään säännöillä, jotka kertovat, mitkä bitcoin-verkossa lähetetyt viestit ovat kelvollisia, ja näitä sääntöjä noudattavat ja toimeenpanevat verkon tietokoneet, jotka ajavat bitcoin-ohjelmistoa. Tietokoneet, jotka eivät noudata niin sanottuja konsensussääntöjä, suljetaan verkosta. Konsensussäännöistä tunnetuin on sääntö, joka määrittää, kuinka monta uutta bitcoinia voidaan luoda kutakin uutta kelvollista lohkoa kohden. Lohkotukisääntö määrittelee bitcoinin yleisen inflaatioaikataulun ja rajoittaa mahdollisen kokonaistarjonnan enintään 21 miljoonaan bitcoiniin. Toinen tärkeä sääntö on kunkin lohkon enimmäiskoko, joka rajoittaa liiketoimien kokonaismäärää, joita voidaan käsitellä aina kun uusi lohko louhitaan. Tämä sääntö luotiin alun perin vuonna 2010 palvelunestohyökkäyksen alkuvaiheessa olevaa verkkoa vastaan.[67]

Bitcoinin lohkokokosääntö oli bitcoinin tulevaisuudesta väittelevien ryhmittymien tärkein kiistakapula. Toinen ryhmittymä, jota kutsutaan suurlohkolaisiksi, halusi muuttaa bitcoin-protokollaa niin, että lohkokoko olisi aiempaa suurempi ja että kuhunkin lohkoon mahtuisi aiempaa enemmän liiketoimia. Ratkaisevaa oli, että ehdotettu muutos ei olisi taaksepäin yhteensopiva ja aiheuttaisi verkon jakaantumisen, elleivät kaikki verkon osallistujat hyväksyisi sitä yksimielisesti ja samanaikaisesti. Suurlohkolaiset pitivät bitcoinia Microsoft Wordin kaltaisena ohjelmistona, jota pitäisi päivittää usein, jotta sitä ensisijaisesti maksamis- ja transaktiotarkoituksiin käyttävien toimijoiden toiveet täyttyisivät. Toinen ryhmä, jota kutsutaan pienlohkolaisiksi, vastusti tätä muutosta ja varoitti, että se siirtäisi bitcoinin hallinnan niiden toimijoiden käsiin, jotka ajavat näennäistä "parannuspäivitystä." He varoittivat myös, että lohkokoon kasvattaminen heikentäisi bitcoinin hajautuneisuutta, koska se edellyttäisi aina vain kalliimpien laitteistojen käyttöä, mikä johtaisi täyssolmua pyörittävien suureen katoon ja verkon keskittymiseen. Pienlohkolaiset eivät nähneet bitcoinia ohjelmis-

[67] http://bullishcaseforbitcoin.com/references/theymos-dos-quote

tona vaan protokollana, ja he korostivat kustannuksia, joita sen sääntöjen mielivaltainen muuttaminen aiheuttaisi ekosysteemille. Vielä tärkeämpää oli, että jos yhtä konsensussääntöä olisi helppo muuttaa, kaikkia sääntöjä, myös bitcoinin lohkotukisääntöä, olisi helpompi muuttaa. Bitcoinin kysyntä arvon säilyttäjänä perustuu pitkälti sen kiinteän tarjonnan rahapolitiikan uskottavuuteen, joten lohkokoon muuttaminen heikentäisi vähintään epäsuoralla tavalla bitcoinin uskottavuutta arvon säilyttäjänä.

Bitcoinin ympärille syntyneen kahden ryhmittymän välinen kiivas taistelu kärjistyi 1. elokuuta 2017, kun suurlohkolaisten joukkio muutti tietokoneillaan pyörivää bitcoin-ohjelmistoa niin, että lohkot saisivat olla aiempaa suurempia, mikä johti siihen, että uusi suurlohkolaisten bitcoin-ohjelmisto ei ollut enää yhteensopiva vanhan bitcoin-verkon kanssa. Tietokoneet, jotka ajoivat uutta bitcoin-ohjelmistoa, hylättiin alkuperäisestä bitcoin-verkosta ja ne muodostivat toisen erillisverkon ehdottomana haaraumana tunnetussa prosessissa. Toinen, uusi verkko sai nimen Bitcoin Cash (BCash), ja sillä oli omat erilliset polettinsa, joilla voitiin käydä kauppaa markkinoilla. Kysymys bitcoinin tulevaisuudesta siirtyi nyt bitcoin-yhteisön sisäisestä kiistelystä markkinatestiin, jossa bitcoinilla, jonka tunnus on BTC, ja bcashilla, jonka tunnus on BCH, saatettiin käydä kauppaa toinen toisiaan vastaan. Markkinatesti paljastaisi kumpi näistä näkemyksistä olisi sijoittajista houkuttelevampi. Seuraavina vuosina markkinat äänestivät ylivoimaisesti alkuperäisen verkon puolesta, jossa näkemys bitcoinista valtioista riippumattomana arvon säilyttäjänä oli vahvimmillaan. Bitcoin Cash -verkko on puolestaan hiipunut merkityksettömäksi, ja sen pientä yhteisöä ovat koetelleet jatkuvat sisäiset valtakamppailut ja lukemattomat hajaannukset.

***

LOPPURATKAISU

Markkinoiden tuki bitcoin-verkolle ja sen alkuperäisille konsensussäännöille teki selväksi, että bitcoinin arvo piilee enemmän sen olemassaolossa pitkälti muuttumattomana protokollana kuin jatkuvasti päivitettävänä ohjelmistona. Bitcoin on protokolla, jonka konsensussäännöt ovat kiinteät, sen lohkokoko ja lohkoa kohti kirjattavien liiketoimien määrä pysyvät rajallisina. Bitcoinin yleistyminen johtaa siihen, että kysyntä bitcoinin rajallisesta lohkokoosta kasvaa, mikä tarkoittaa, että siirtomaksujen on noustava ajan kuluessa. Bitcoin-verkosta tulee vähitellen epätaloudellinen vaihtoehto pienten maksujen suorittamiseksi (esimerkiksi kauppalasku), mutta se soveltuu edelleen sellaisten suurten arvosiirtojen selvittämiseen ja tilittämiseen, jotka muodostavat maailmanlaajuisen rahoitusjärjestelmän perustan. Pienemmät maksut bitcoineilla tapahtuvat jo nyt bitcoin-verkon päälle rakennetuissa kerroksissa, kuten Salamaverkossa tai pankkien sisäisissä säilytyssiirtokerroksissa. Hal finney, joka ensimmäisenä tunnisti Nakamoton keksinnön rajattomat mahdollisuudet, kirjoitti vuonna 2010:

> Bitcoin itsessään ei voi skaalautua niin, että kaikki maailman rahoitustapahtumat lähetettäisiin kaikille ja sisällytettäisiin [bitcoin]lohkoketjuun. Maksujärjestelmille on luotava toissijainen taso, joka on kevyempi ja tehokkaampi.
>
> ...
>
> Uskon, että tämä tulee olemaan bitcoinin lopullinen kohtalo. Siis olla "suuritehoista rahaa", joka toimii pankkien varantovaluuttana, jotka laskevat liikkeelle omaa digitaalista käteistään. [68]

Finney tunnusti epäsuorasti, että bitcoinin olisi ensin vakiinnutettava asemansa arvon säilyttäjänä tai varantovaluuttana, kuten hän sitä

[68] http://bullishcaseforbitcoin.com/references/finney-second-layer-quote

kutsui. Sen jälkeen bitcoinia voitaisiin käyttää jokapäiväisessä maksamisessa ylemmän tason järjestelmien avulla. Hän ymmärsi, että bitcoin ei toimisi maksujärjestelmänä, joka kilpailisi suoraan Visan tai PayPalin kanssa, vaan siinä oli jotain paljon suurempaa ja merkittävämpää: bitcoin on valtioista riippumaton arvon säilyttäjä, joka toimisi uuden maailmanlaajuisen rahoitusjärjestelmän rahapohjana. Tämä kohtalo oli kirjoitettu bitcoinin DNA:han – sen konsensussääntöihin – jo aivan alussa.

KIITOKSET

Bitcoinin hinta oli noin 1 000 dollaria, kun ryhdyin kirjoittamaan vuoden 2017 alussa pitkää artikkeliani *Bitcoinin valoisa tulevaisuus*. Toivoin artikkelini auttavan selittämään bitcoinin vallankumouksellisen teknologian taloudellisen merkityksen muutamalle kaverilleni ja ehkä jopa muutamalle suursijoittajalle. En osannut aavistaa, että artikkelin lukisivat lopulta sadat tuhannet ihmiset ympäri maailmaa ja että vapaaehtoiset kääntäisivät sen kahdellekymmenelle eri kielelle. Tämä odottamaton lukijamäärä selittyy osittain kasvavalla tarpeella ymmärtää bitcoinia ja sen merkitystä, mutta se johtuu myös siitä, että sain korvaamatonta apua tekstin kirjoittamisessa, jotta se olisi maallikonkin ymmärrettävissä ja kiinnostaisi laajalti eri ihmisiä. Tässä yhteydessä haluan kiittää niitä, jotka osallistuivat alkuperäisen artikkelin kirjoittamiseen ja artikkeliani huomattavasti laajentaneen kirjani kirjoittamiseen.

Ensinnäkin haluan kiittää Michael Sayloria siitä, että hän kirjoitti esipuheen kirjaani ja että hän on avokätisesti tarjonnut ilmaisia opetussisältöjä perustamansa Saylor Academyn kautta. Toiseksi haluan kiittää @BitcoinUltrasia, joka on Twitterissä tapaamani nimimerkki, joka tarjoutui vapaaehtoisesti luomaan kirjaani kuvitusta ja hienon kannen. Kolmanneksi haluan kiittää ystävääni Sanjay Mavinkurvea, joka auttoi minua kirjan kaavioiden luomisessa ja siinä että kuvat tosiaan kertovat enemmän kuin tuhat sanaa. Haluan kiittää Daniel Colemania, Michael Hartlia, Ben Davenportia, Mat Balezia ja Stephan Kinsellaa huolellisuudesta käsikirjoituksen muokkaamisessa. Lukuisat ihmiset antoivat palautetta, joka paransi kirjoitukseni selkeyttä, ja tästä haluan kiittää Alex Morcosia, John Pfefferia, Pierre Rochardia, Koen Swinkelsia, Ray Boyapatia, Michael Angeloa, Patri Friedmania, Ardian Tolaa ja Michael Flaxmania.

Lopuksi ja ennen kaikkea haluan kiittää vaimoani Lisaa siitä, että hän on auttanut minua läpi tämän hankkeen – ja antanut minulle elämäni kolme suurinta innoittajaa, rakkaat lapseni.

YLEINEN VASTUUVAPAUSLAUSEKE

Tässä kirjassa esitetyt näkemykset ja mahdolliset virheet ovat yksin kirjoittajan.

Kaikki tässä kirjassa kuvattu tai kerrottu ei välttämättä sovi kaikille sijoittajille, koska virtuaalivaluuttoihin sijoittamiseen sisältyy huomattavia riskejä. Niiden arvo voi muuttua merkittävästi ja virtuaalivaluuttoihin sijoitetun pääoman voi menettää osittain tai kokonaan.

Tätä kirjaa on kirjoitettu vain tutustumistarkoitukseen. Mitään tässä kirjassa esitettyä ei ole tarkoitettu eikä sitä tule ymmärtää sijoitusneuvonnaksi ja/tai -suositukseksi tai kehotukseksi käydä kauppaa virtuaalivaluutoilla.

Kirjoittaja ei ota vastuuta käännöksen täydellisyydestä, eikä kääntäjä vastaa päätöksistäsi.

Älä luota, vaan varmenna.

KIRJOITTAJASTA

Vijay Boyapati on syntynyt ja varttunut Australiassa, mutta muutti Yhdysvaltoihin vuonna 2000 suorittaakseen tohtorin tutkinnon tietojenkäsittelytieteen alalta. Sen sijaan, että hän olisi väitellyt, Boyapati päätyi töihin pieneen Googlena tunnettuun startup-yritykseen, jossa hän työskenteli useita vuosia hyödyntäen koneoppimiseen liittyvää ammattitaitoaan parantaakseen Google Newsin luokittelualgoritmeja. Boyapati lähti Googlelta vuonna 2007 työskennelläkseen ruohonjuuritason kampanjoinnin parissa vuoden 2008 Yhdysvaltain presidentinvaaleissa, auttoi keräämään miljoonia dollareita kampanjarahoitusta ja värväsi satoja vapaaehtoisia New Hampshiressa kampanjoimaan Ron Paulin puolesta. Vuonna 2011 Boyapati törmäsi bitcoiniin ja laskeutui kaninkoloon yrittäessään ymmärtää, miten uudella internetrahan muodolla, jonka turvana ei ole mitään hyödykettä tai valtiota, voi olla minkäänlaista taloudellista arvoa. Boyapati kirjoitti vuonna 2017 pitkän itävaltalaiseen taloustieteeseen nojaavan artikkelin *Bitcoinin valoisa tulevaisuus* tarjotakseen maallikolle taloustieteellisesti järkevän tavan ymmärtää bitcoinia.

Boyapati on suorittanut luonnontieteiden kandidaatin tutkinnon Australian kansallisessa yliopistossa, jossa hänet palkittiin perustutkinto-opiskelijoiden parhaana. Hän on aviomies ja Addien, Willin ja Vivin rakastava isä. Hän asuu perheineen Seattlessa, Washingtonin osavaltiossa Yhdysvalloissa.

HAKEMISTO

H

I

J

K

L

M

Y

WWW.BULLISHCASEFORBITCOIN.COM

www.ingramcontent.com/pod-product-compliance
Lightning Source LLC
LaVergne TN
LVHW032016041026
849517LV00010B/3001
* 9 7 8 9 9 1 6 7 2 3 8 9 0 *